U0035999

學會手相學的第一本書

亞洲最大命理網站「占卜大觀園」命理總顧問
陳哲毅◆著

關聖帝君賜序

基隆普化警善堂 正主席 關聖帝君 降

【九十四年農曆正月十五日夜九點三十六分】

詩曰：雞啼引鳳喜迎春
新書付梓藏乾坤
撰述相學揭神秘
可比命譜枝芬芳
語多珠璣字字妙
生動活潑似酒醇
引申融通放異彩
分門別類序序分

夫相學之傳乃我國自古有之，流行於世，已歷五千餘年，因人生活在廣大無垠的宇宙裡，俗情凡緣，紅塵滾滾，似鏡花水月，名利恩愛，萬緣情困，人情似曲水，事事亂如麻，冷暖自知。

古往今來，人情勢利，有如風雲之變幻，天運之循環，有似日月之推遷，問蒼茫大地？對酒當歌？朝生暮死，榮枯氣運雖有定數，榮者忽而遭枯，生者頃刻而死。

人生幾何？古往今來，人生猶似天地間之浮雲蹉跎過客，來也空空，去也空空，來也匆匆來，去也匆匆去，滾滾長江東逝水，走過人生的大舞台，凡塵苦海，囂囂世境，花花世道，更在面對生存與死亡的環境裡，正面臨著有恐懼、有憂慮、有迷惘，也更存在有多少的悲歡離合，其恐懼的是更要面對大自然的天災與人禍以及人為的劫數與禍害。

其所憂慮的是人生一世，草木一春，其間更要面對生命青春衰老死亡以及無止盡的迷惘。

人生壽夭本無常，白雲過隙歷盡滄桑，昨日街頭猶活馬，今朝棺內葬荒坵，轉眼白頭心已老，何須計較夢一場，在面對束手無策及人生真諦的幸福與安樂之中，其人生前途真正指標又在那裡？

苦海茫茫，孽海萬丈深，凡塵千尺浪，生從何來？死由何去？人間多變，滄海桑田，浪花淘盡英雄，酒地花天，無非迷癡之鄉，秦樓楚館皆是限迷之窟。囂囂紅塵癡迷醉客，其中醒者有何幾人？是非成敗轉頭空，青山依舊在，幾度夕陽紅，古今多少事，都付笑談中。

證諸歷史，鑑古觀今，在歷史上不斷循環著往復軌道痕跡，然而時間、歲月更給了世人莫大的哀嘆與悲切。

由此可知很顯然的亙古以來，人類本身就生命兩字之定義，以及感觀就帶著極複雜的心情，其人生更令人感到寢食難安？

尤其在滄海浪中其生死輪迴的因果，也更讓人生更迷惘不已？有的人懷才不遇，時運不濟謀事未通不如意，行船又遇擋頭風，愁眉難展，走遍江山千萬里，枉費徒勞，用盡心機，又可比黑雲掩月，又似如花開凋殘。

一生虛名、虛利而不成，浪跡萍蹤以過半生，真正是馬有千里之行無人駕馭不能自往，雞雖有雙翅但飛不如鳥？

多少的無奈、多少的鬱卒，又有多少的英雄氣短、仰天長嘆，及多少的有志難伸，因而困累而落於貧賤了卻一生。

其人生一世的存在，又草木一春的歲月軌道痕跡，其間尤其更要面對生命青春、衰老、死亡以及無止盡的迷惘，有的人早夭，其因果兩字以及前世、今生之業障何其所在乎？

有的享大年，有的卻遭遇到橫禍厄劫而死，一樣生，百樣死，以及無法所預知的人生命運遭遇。其人生生存？與死亡的悲歡離合，到底其真正的指標在那裡？人生的超越生命又在那裡？其人性的真正解脫又更其何所在乎？

其間的是只知其然，但終究不知其所以然。尤其在面臨人生痛苦與其複雜的環境中常常呼天搶地？仰天長嘆默默無語問蒼天！

雖然明知生命是有其極限，其間的人生以及生命的昇華、人格的尊嚴，又更何其所在？

世塵眾生每人均知人的生命是處在有限的時間與空間裡，尤其在生命的巔峰後，在浩瀚的宇宙時空裡，卻又顯得多麼的渺小。

其生命內體的衰腐、退敗、蒼老、衰竭更是存在無法抗拒之事實，明知其生命是有其極限，但其人生卻要時時刻刻面對大環境、大空間、大時事的挑戰，其間存在著多少事實，但卻是無法改變，而更顯得茫然無知的迷惘。

因而由以上可以明顯得知：一個人生長於世塵，對於自己的未來命運將會如何？相信任何人都會介意的。

雖然了澈知悟習慣可以決定命運，性格更可以決定成敗，不同的文化背景、素養更可以造就不同的性格。

命運並非天定，成敗自在人為。

但性格「心態」兩字卻是決定成敗的關鍵要素，也更因而使每一個人更想要知道做人生命盤、命格、命局、人相學、手相學、面相學的評估與規畫。

也更因而帶動了預知未來學的研究，其間更顯然的在研討探尋預知未來學之中不但涵蓋占星術、八字、易經、卦象、五行、陰陽、河洛、紫微斗數、周天易數之範疇，藉此天地、陰陽、五行、天星化驗能進一步的了解探知世界動向、社會變遷，人相學、手相學更是屬於其預知未來學的一朵奇葩。

考於人體之手相學之肇端，流行於世已歷數千年之傳承歷史，且更歷經歷代專家學者之印證推闡盡致，其手相更是為整體相法之一部。追溯其源更是為特種相法之一種，更有其它悠久的歷史文化背景，因手面相學是屬於人文科學的範疇。

人相學的基本理論乃在於研究人的五官體態外貌的面相，以及體態行為的骨相、痣疣的痣相、手足皮紋的手相。

而面相學主徵再研審、判斷、透析、解悟觀察一個人的面相性格，能從相貌五官及態度、舉止、動作、行為表情之徵兆而知悉人性的忠、奸、善、惡，進而判斷其一生的富貴貧賤。

從有形的氣質、氣色來推斷其人性的內心與性格之差異，面相密鑒其本體就是一本典型的人相學，它是經過歷代名家之縷述、編撰、述記，又經過多少人的體驗、應證累積所達成的一種共識，更從經驗的傳承「有諸內必形於外」的體相外在表現，剖析知己知彼百戰百勝，並增長理解在現實世紀生活複雜變化多端、爾虞我詐、鉤心鬥角的現實社會裡，惟有真知自己，才能確識別人，為使自己不被算計、利用。

世塵眾生若能藉由人體相學、手紋相術看清那些虛虛、實實、真真、假假的人生百態，認清自己、了解別人。並且能謹慎小心的探測達到知人善用、適才適用、坦然面對現實，知道如何創造自己，檢視自己、知悉規畫未來、知曉確立行動方向。

進而開拓視野，更新思考，學習過去，重新領悟曾有過的經驗、歷練，並能從錯誤中學習引導生涯掌握舵盤，改變思維，掌握時間，策勵自己，提升能力，衝破困境，突破心理障礙。

面對過去，時時提醒自己，刻刻調整自己，培育前瞻觀點，掌握大環境，創造自己，扭轉乾坤，蓄勢待發，自信的導引自己航向人生大海，反敗為勝，並進而減少許多家庭、社會的問題與糾紛，這才是一切事業成功秘訣，萬般力量的泉源。

然而由此可得知：世間萬物皆有其形，皆有其象，古之聖賢察其人則必觀其相，觀其形則必知其性，知其性則必盡知其心，盡知其心則必知其道，觀形則善惡分，識性則吉凶顯著。

手面相之真訣在此幾字有心無相，相遂心生，有相無心，相隨心滅，斯言雖簡，實乃人倫綱領之妙，俗謂「人心隔肚皮」，人之忠厚正直、奸佞邪惡，非有明見秋毫的英明人物，實無法知其察覺。

因人與人之間的遇合，不僅僅有才情氣質的相生相剋，也更兼涵著得勢與失勢潦倒的遲、速、早晚、時間在內。

古鑒明示心者：乃貌之根，若能審心則善惡自見；形態本乃心之發，因而相隨心生、相隨心滅、觀其行必能透曉禍福之吉凶徵兆。因心地是為人類品格、行為、心態的發源處。更是人體真正靈魂的真面貌，人與人之不同處是在其心地，因善惡在心而必顯現於形貌。

前言心者：乃貌之根，審心而見善惡自見，觀形而正邪可知，古人之察言觀色，鑑其貌而觀其心，至於心地則更有大大之不同。

人心可大可小，大則廣闊浩瀚無邊有若似海，小則淺窄如沙，有的人身不滿五尺但而雄心萬丈，亦有人碩然體軀，而心量淺陋有若鼠膽。而世塵眾生明知了悟人的身軀是無法限制本身心地的發展，而其心地必能影響其心境體軀的過程。

其心相的氣概一動一靜、一進一退即是所謂的相隨心轉。

心鏡篇云：「論相貴賤在於首注觀其形、身體貌相，賢與不肖在於察其心態動靜作為，因而由上更可以得知，辨人之邪正可查其相貌，形貌其妙在神之聚也，其神就是所謂神、氣、色也。」

神就是精神，其在人體內是三者一體互相表裡，亦就是其體貌相學所言的精、氣、神，有神才有氣，有氣然後才有色。人相猶重在神氣外形，相學之妙教人凝神聚氣，則必保康泰怡然，人的貌相必然要有神氣方能成形，體內之精本藏於體內。

氣更是魂魄靈源之導引，倘若人體相學有其神而無其氣，又無其色，其人之精氣神必是為氣所壓抑。若有其氣而欠其色便是人相學內所謂之氣滯，因氣色是為人體之顏面血色，有若草木之能量是得於太陽之精華、天地之雨露，則枝葉根莖必茁茂而壯。

神相篇云：氣為神之子，神為氣之母若神與氣不相接則謂之色泛，若能引氣相舒其精必態，其神必氣，方能茁壯枝翠根莖有似草木不致枯萎凋零。

氣色學又在相學冰鑑秘笈上佔了地位相當重要，這一門學問更是深奧異常，而且又包涵了中醫學的五行相論。

但有關於氣色兩字是有很大的區分，一曰氣、一曰色，氣與色是不同，氣在內、而色在外，氣屬實而色屬虛，因氣乃從人體身體骨節所導引而發於體外之形，而色是從表皮、面部、皮肉所引現而顯的一種變化。

因而更可以知道氣是從骨而來，色乃由肉而現，有色無氣不發，有氣無色不榮，時下眾生若有人能詳研觀氣辨色，必能察知斷咎人的榮通，吉凶禍福徵兆。

古云：「人體七尺之軀，莫如一尺之高，一尺之面，不如三寸之鼻，三寸之鼻不若一點之心。」辨人之邪正有其四端：

一曰相貌乃神之聚氣也

二曰相言語，言語者乃神氣內引發也

三曰相舉動，舉動者乃行為心態之神用也

四曰相行事，行事乃察其神、觀其色，必能明確考察推斷忠奸賢愚、富貴貧賤、壽夭窮通等等是相人的最高境界。

而且能量才而用，由此可見人相學之術，看相是一種學問，也可說是藝術與科學的綜合。

因人體之人相學、手相學不僅是科學的，而且更是一種綜合的科學。它包括了哲學、統計、生理、身體、五行、醫學、病理、衛生、解析、遺傳、營養以及一個人的膚色、形貌、外體、內相、氣色、氣質、性格、疾病種種。

換言而之人類會因個人之個性、行為、血型、遺傳、基因、運程、健康、婚姻的稟賦不同，容貌有別而顯現自身不同的造化。

人生順逆本無常，每一個人一生中均有可能茫茫然而更不知其所以然？又當面臨坎坷身處逆境？運背顛沛？事端叢生？強顏歡笑？官殺剋洩？歲運不濟，看不到未來？摸不到遠景，試想人情之反覆？當決不決？愁眉困頓？百般無奈？翻來又覆去的逆境時？若能提早有效的預知防患於未然。

而藉由老古祖先的智慧經驗化開逆境，使自己更能審慎處理逆境，反敗為勝，改造命運，雖然「行為」兩字可以決定一個人的命運，但性格特性更是決定命運的要素。人之氣質本來自於天生，本難改變，但可藉由人體相學線索，使我們更能認識自己、體悟自己，進而改造自己。由以上而論人相學、面相學、手相學，既能得知判斷先天的命運，也更能看出後天的大運命勢流年。

尤其在人們的群居生活中，此行學問、學術、學理是充滿著實用的價值，然而手相學更是世界所公認又是一種神秘不可思議的大學問。

證諸史籍考證源流文獻，可藉由手相之神秘進而探索天體，觀察星座天象，其學問研究更涵蓋了人類全身紋路與命運之間之攸生密切關係，更與手掌之筋肉有其神秘不可思議的運命關鍵。

手相學以往之人認識不深，往往為習科學者有所議論之，手相學本為相書，相法之一部，追溯其源內亦蘊藏陰陽五行亦包括了生理學、醫學、心理學、天象星學種種，且手相學亦為超越理論之神秘學。

然此手相、手紋之學問，在科學上並非無根據，手相學之研究，可分為兩部分而定之：一是究掌紋現象，詳審分辨細悟領會心悟而判斷其人一生之吉凶禍福徵兆，以及過去未來之命運而簡稱手紋學。二就醫學、科學、生理學、疾病學、人類學、基因學而切入以觀察其手掌、手指、手指甲之形狀、變化，以判定人之體格、性質。

人相學中的遺傳簡稱手形學，在於生理學、心理學以及中國古漢醫、醫宗寶鑑內均有其系統、體會、經驗之顯著的可資證明，其一部分之手形學、掌紋學更是為科學界、醫學界幫助甚大。

近今之資訊科技醫技日新月異，基因遺傳已經突破，世塵人生所見用的一切有形環境空間，環境物質，較之以往不可同日而語。尤其近代科學的昌盛文明，若談以手相、面相、人相、骨相、氣相、色相、體相學或許有人會以迷信妄言或以排斥亦有之。

但若進一步，試想：例如犯罪科學之存檔指紋法、病理醫學之手相診斷病症法，因手形掌紋，內藏天機其間更顯示個人身體上之缺點。

腦雖為人身之主宰，手卻是執行腦意志的主要驅使工具，其關係之密切，自不待言。因手形掌紋之不同，必自然的顯現反應出每一個人的不同行為、不同的頭腦、不同意識的腦波。

而且手更與人生行為、舉止、動作、習性有密切連帶的關係。人之腦乃發號司令之總樞，如就生理而言更從反證方面的探索，若依據人體解剖學之發現，其人體之手掌神經、腳掌神經，除腦幹外，較之任何一個部分為多，且手之勢樣又較之身體任何一個部分尤為靈活。

換言而知；自古至今人類能夠利用環境、利用大自然，世界不斷的進化，科學更日異求新，指紋學雖能夠引證犯人之物據，已為當今全世界各國所公認既有的事實，但乃欠缺推斷人的一切命運之功效。

乃因指紋學其實乃手相學之基礎一部分耳，古聖先賢依經驗累積加以科學的統計、歸納、比較、分類、類比、演繹、印證所得到的結果，曾細心領會心悟看相八大準規綱領①功名看氣宇氣魄②富貴事業看精神③邪正看眼鼻④真假看嘴唇⑤膽識看掌指⑥風波看腳跟⑦壽夭看指爪，若要看條理，盡在語言中，若根據上述原理則腦與手，不僅僅有密切之關係，更是何等的密切，其所謂的有動於中，必形於外，是在研究探討以此類推，人可以察其外表而推化知其內心。

其內心實乃心之根器，乃心之本貌，外表若以推因及果盡在於外相手形掌紋之中，世上眾生更可以斷言領會人若無腦，則難為力，有腦而無手不為功，腦為中樞神經之總樞，亦若無手之執行，是絕少有實現成功的希望，故曰「雙手萬能」。

至於手形、手相與掌線紋，更會因個人的手相、手形掌紋之不同，必然會反映出不同的頭腦。

因世界上手形、手相與掌紋，絕少有相同者，而手形掌紋學的形成更是透過統計學的數據依理，累積探討逐步發展而成，不但自然而且更巧妙地將實踐的形路與中國古老最高哲理精髓周易的陰陽天地五行、八卦等學說緊密結合在一起。

且又留下透過不斷尋循經驗的記載證明，其間的鑑貌辨色、分辨邪正、透視人生、審斷吉凶禍福、預卜前程，知其榮辱，進而可以用歸納法、鑑識法、分析法、系統法，作為整體性的闡述人生明鏡指標，並能透過人相、手相、面相、骨相、掌紋學之精釋，進一步的真正了解到自己手面相的性格與本身的命運。什麼樣的手面相掌紋格才是成功的心態關鍵，怎樣的人體手面相、人相學、掌紋學才是失敗的性格？更進而知其積於以上的種種論述而可以防患預知如何的改變性格與命運？

更進而領悟透澈其間的觀人術而達到如何掌握自己的性格命運改變自己的秘法。

由此觀之，今特欣喜陳生哲毅了透知悟數理五行、生逆順化生剋互動、陰陽體境，深入探索行運盛衰之理論，知曉命是根本，運才是一個未知數，命確實是先天之因果業根宿緣，運是後天時間與空間之組合變數。

人生的生命變數，枯、旺、盛、損、益、生、長、衰、痛、死、絕、滅以及過去的榮枯、順逆、吉凶、禍福、清濁變化、富、貴、吉、壽、子、妻、財、祿、長相、個性、氣質、事業、婚姻、財運、健康必有與其息息相關之互應。

哲毅又從中深刻領悟配合現代適應潮流，匠心匯集，痛下工夫，有計畫的驗證、演繹、通曉訣竅，學以致用，嫻熟變通，把握癥結，加強求變，取材改進發明，蒐集廣泛溫故知新，超越命學以務實規則打通困頓，精研力爭上游，提升命學觀念之轉變，大膽的變通時趣，自我磨練，縝密的融會貫通，有條不紊以務實的規則，埋首耐心撰述繕寫，並降帳設硯解惑，彙整集編。

今又甚喜繼《學會面相學的第一本書》後又續出新書《學會手相學的第一本書》付梓行世再次啟開命相學之實證說明，又能深刻體悟，擇其精要，潤飾人體手面相學之傳學薪糧，再次編排撰述，其哲毅之神思超然，其哲毅之編排先後呼應，加以運用分析、整理、歸納、分門別類、獨闢精湛，引申融通、通便達用，深感新書續梓，其用心之真摯特於雞春乙酉歲頌雞鳴引鳳，竹報平安，桃符換歲，天下皆春，花開春富貴之良辰。

欣喜天赦

上元元宵曆歲年豐，喜神轉乾坤，報春喜慶，五福臻興，萬象更新，人神同樂，運啟天地開泰之照，再次為新書《學會手相學的第一本書》付梓之喜謹述點綴數言，以次為序。

手相與姓名學

常言道：「相由心生、由隨心轉，心轉則相變、相變則運變」。說明了相的轉變，絕對可以透過修養來加以改變轉好的，並不是先天就註定，而保持一定的樣貌。這其實就跟人的運勢差不多，當在走旺運的時候，經常眉開眼笑、心情爽朗，所給人的感覺，自然就有人緣，能夠吸引桃花，做什麼事情都無往不利，沒有什麼阻礙、煩惱，反之，若是走衰運的時候，經常愁眉苦臉、鬱鬱寡歡，讓人見了就討厭，而不想加以親近，人際關係就會疏遠，自然就沒有貴人來幫助，只能夠靠自己奔波勞碌，因此能夠讓心情保持愉快，觀念、想法保持快樂，相貌就不會差到那裡去。

但是相要能夠有人緣，一定要透過心來維持，但什麼是心呢？答案很簡單，就是人的個性而已，個性就是心的綜合展現，像是交友的態度、事業的競爭、財富的運用、家人的相處等等，無一不在此範圍之內，而且從這些的地方細節的表現，不僅能用來推斷個人相貌，更能夠推斷其命運梗概，所以如果能改變相貌，命運自然就會改變，而要想改變相貌，就要先改變個性，個性一但轉變，其他就跟著改變，而姓名學能夠改變個性，具有一定程度的影響力，因此不但能改變相貌，也能幫助改變命運。

在手面相方面，面相的改變會比較迅速，尤其是觀看氣色方面，幾乎是每天都在轉變，而手相的話，變化沒有那麼明顯，不過隨著時間的累積，掌中紋路的走向趨勢，也跟著會有所改變，甚至有些原本沒有的紋路，也會慢慢的清晰浮現，所以說，從手面相看命運的話，命運是隨時在改變的。在此有人會提出質疑，若相能夠隨姓名改變，那麼是否有最好的姓名，而有最好的相貌呢？要知道萬物都有其法則，很多事並非人所能掌握，還是會有宿命的地方，但那並不是人要爭取的重點，姓名學雖然不是萬靈丹，但最主要是輔助工具，能夠導正偏差觀念，約束內心慾望，讓行事能接近中庸，不會顯得大起大落，人生旅途平順而行，至於功名地位、榮華富貴，就不要太過勉強，各憑本事與福分，平凡自也有平凡的好處，不平凡自有不平凡的難處，人要懂得知足常樂才好。

手相學的序言

在手相學方面，西方的研究統計，多半跟心理學有關係，反應其人的處世態度，以及潛藏的能力、壓抑的慾望、身心的疾病，而東方的手相學，很重視實際驗證，觀看為人生活的狀態、情緒的表現、處事的手腕等等，彼此有所長，沒有絕對的結論，從基礎上去學習觀看，才能夠得窺探其奧秘，讀者需要多加練習，自然能夠知道端倪，實際運用於日常生活當中。

觀看手相跟面相不同的是，面相比較具有立體感，五官輪廓比較清晰，而且範圍會比較廣大，需要記憶較多的部位，而手相較為平面延伸，起伏沒面相那麼大，重視掌形與手指、紋路及丘位，位置沒那麼複雜，三大主線與八大丘位，判斷上容易許多，但平常在使用上較難觀看，所以沒有面相來得實用，但也不失為識人的依據，準確度不會比面相要差，反而能更直截了當，說出個人的心思反應。

生命線：

代表個人先天體質、抵抗力的強弱、意志力的展現、對環境的適應力、家庭的背景好壞、人際交往的手腕、旅遊外出的趨勢、遇到災禍危險的可能性。

理智線：

代表個人聰明才智、行為舉止、創造發明、判斷處理的能力，對事物的邏輯分析、與人合作的模式、自我約束的能力、遇到困難的時候所採取的態度。

感情線：

代表情緒的反應、脾氣的發洩、藝術欣賞、生活品味、交往對象的選擇、跟異性的相處模式、戀愛的進展情況、對挫折失敗的感受、對精神生活的追求。

事業線：

代表個人的企圖心、慾望追求、物質掌握能力、財富運用程度、領導管理能力，溝通協調的模式、競爭壓力的來源、對危機的應變處理。

例如紋路的深淺、長短、走勢、分支、清秀或複雜，用肉眼觀看就可以知道，並說明其紋路的好壞，像是先天體質的好壞、生命力是否旺盛、生對環境的適應力如何，在生命線上就可以反映出來，如果是太過短淺、中途有間斷，或是紋路雜亂的話，就知道為人體質不佳、容易過敏、常常生病、對環境適應力較差……，反之，如果要觀看感情趨勢，就以感情線為目標，如果紋路深長、彎曲適中、沒有分岔或雜紋，就表示為人感情平順，不會有什麼阻礙、煩惱，能夠順心如意的發展戀情，如果換成面相來說，要判斷較多部位，才能夠得到結論，但手相就沒那麼複雜，可以直接看掌管的紋路就可以。

手相學自序

手面相學是簡單方便，就可以入門使用的學問，是值得加以研究推廣的，學習面相學的第一本書推出之後，就受到讀者熱烈的支持以及迴響，在各方都讚譽稱頌的情況之下，才又焚膏繼晷、揮灑著墨，趕緊推出手相學的入門書，讓大家能輕鬆學習手相，對實際生活有所幫助。關於手相學內容方面，指型手相、線條紋路、掌丘分布，若能掌握訣竅原則，其實很簡單易懂，沒有想像中那麼複雜困難。而手相學跟人個性、運氣有關聯外，跟「中醫」也非常有關聯，一些潛伏隱藏的疾病因子，從手相當中就可以看出來，若能及早發現的話，說不定能夠預防某些疾病，防止其嚴重惡化的結果。關於這本手相學的推出，承蒙吳明修老師長期的關懷照顧，還要感謝南投竹山的李氏兄弟，李春松、李信志兩人的指點切磋，春松兄擅長於卦理，能夠直斷吉凶，讓我對卦理有更多的了解，而信志兄對於藥草醫理的了解，更讓我大開眼界，其診斷醫療的手法更是獨樹一幟，在觀看他人面相氣色，開出對症下藥的藥草後，更運用「符錄」之學來加強療效，在讚嘆之餘，也使得哲毅不時拜訪請益，對於其所學有更多啟發精進，而豐富了本書的內容。

除此之外，也感謝之前出版姓名學的時候，基隆普化警善堂的簡火土道長的幫忙，能夠彼此交換心得，特別是「關聖帝君恩師」親自降筆賜序，對於哲毅的姓名學讚譽有佳，並且點明開示不少人生道理，讓哲毅對於姓名學有更深刻的了解，在掌握判斷人性方面，會顯得更加小心細膩，並且認真的研讀學習。而最後要感謝的是「紅螞蟻出版社」李錫東總經理、「占卜大觀園」嚴立行總經理，在經濟這麼不景氣的時候，願意在背後大力支持、贊助，並且加以推動、叮嚀、照顧，讓哲毅的著作能夠順利出版，從姓名學延伸到其他學術領域來，而個人的網站也在今年如期成立，呈現出多樣化的面貌，使得「亞洲個人最大真人影音命理資料庫」的願望能夠實現，並且不斷的在成長茁壯當中，哲毅實在是非常感動欣慰，也希望能夠繼續奮鬥打拚，讓傳統五術能夠宏揚世界，不辜負大家的期待盼望。

資料庫網址：http://www.eproname.com/

目錄

八大丘
木星丘
土星丘
太陽丘
水星丘
第一火星丘
第二火星丘
金星丘
月丘
(太陰丘)

八大丘
木星丘
土星丘
太陽丘
水星丘
第一火星丘
第二火星丘
金星丘
月丘
(太陰丘)

婚姻線
感情線
智慧線
命運線
生命線

手相基本常識

一、觀看手相的時機

一般觀看手相的時機，通常是在清晨的時候，人體各項機能正逐漸復甦，身心情緒也比較平靜，受到干擾的因素比較少，這樣子來看手相的話，將會得到較客觀的結果。如同古書所說：「日出為良時。」

觀看手相很容易，但是基本條件是要光線明亮，最好是採用自然光，若是其他燈光的話，恐怕會影響到色澤判斷，而失去準確性，而且被觀看者，不能在過冷、過熱，或劇烈運動完，或喝酒之後，或情緒不穩時，進行觀看手相的動作，那所得到的結果，可信度會大大降低。

觀察時雙手要自然伸出，手掌要放鬆，才能觀看紋路跟色澤，可以先由粗略的地方看起，再轉向細微的地方，使用放大鏡的工具，會是不錯的選擇，有些時候若覺得不清楚，可以用手指按著然後放開，藉由血流的聚散來觀察。

二、手相觀察的步驟

第一步：要觀看雙手的全貌特徵，考慮是否完整或有缺陷，色澤的光亮程度，手掌的厚薄豐隆如何，跟對方握手的情況，以及對方手的姿態與伸展的情形。

第二步：先觀看手型屬性，並加以判斷分析。

第三步：觀察手指的長度、彎曲度，跟指節及指關節的情況。

第四步：手中主要掌紋線條的分佈，以及走向趨勢、長短形狀，來作為判斷依據。

第五步：其他次要掌紋線條的分佈，以及各種特殊的符號。

第六步：手中掌丘的樣態，是否豐盈有彈性，有無特殊記號，以及呈現的色澤。

第七步：觀看指甲的情況，特別是月白的部分。

三、手相看那隻手比較重要

觀看手相應該以那隻手為主，至今還沒有確定的說法，只能夠歸納出幾種觀點，來作為大家參考依據。

1、男生應以該以左手為主，右手為輔；女生應該以右手為主，左手為輔。

2、無論男女，皆以左手觀看先天基礎，而右手觀看後天運勢，但如果是左撇子的話，則情況剛好相反，以左手當作先天基礎，右手當作後天運勢。

3、不管男、女或者先、後天關係，兩手在互相比較之後，把命運線（事業線）附近變化多哪隻手，當作主要的判斷依據。

四、手相和命運的關係

從手相可了解人的個性、體質、各方面運勢等等，這並不是不可能的，而是一般人沒有去驗證而已，但經由觀察統計之後，所歸納得出的結論，手相確實能夠有準確性，以及一定程度的影響。

例如掌中丘位及紋路的分佈，象徵人的心理狀態，不同的紋路走勢，反應不同的個性，而長短、深淺、雜亂、形狀等等，其運勢都有跡可尋，可以作為參考的依據，在面臨各方面決策，但徬徨無助的時候，能當作指引的方向，讓感情更順利、事業更發展、財運更豐隆。而丘位的隆起凹陷，可以看出人的資質，才華能力所在，進而發揮優點的地方，減少不必要的冤枉路。

不過手相並非萬能的，但趨勢卻可提供參考，能知道自己的優缺點，在優點方面，可以繼續保持加強，缺點部分就要改善及避免，成功的機率就會增加，人生路途會比較順暢，並能了解他人的個性，而做出適當的回應，在相處溝通方面，就不太會有問題發生，就算有的話，也可以掌握關鍵，進而重修舊好。特別是某些疾病的產生，其潛在的遺傳因子，可以從手相上來看出徵兆，使我們能夠提早預防，避免個人健康的損傷。

五、手指與疾病的對應關係

掌中手指	運勢時期	功能與疾病
拇指	幼年階段	遺傳體質與腦髓功能
食指	青年階段	肝膽系統方面
中指	壯年階段	心血管系統方面
無名指	中年階段	胸肺及呼吸系統方面
小指	老年階段	生殖與泌尿系統方面

六、手指代表的意義

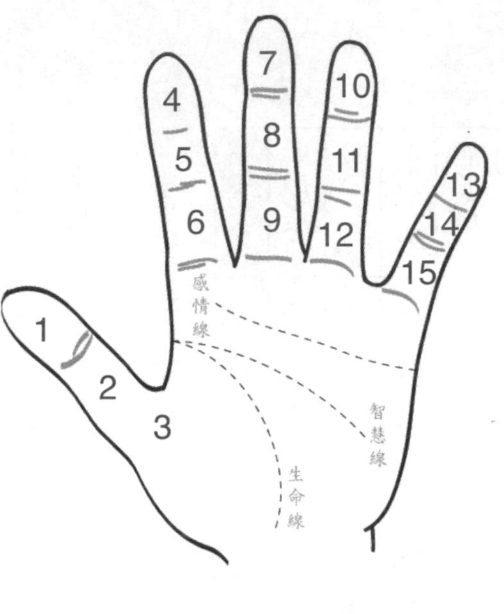

拇指：代表個人生命力強弱、體力的優劣、意志力強弱、人格的養成。

食指：代表自我理想、進取心、自尊心、權威展現、慾望所在、領導能力。

中指：代表思考能力、分析判斷、倫理意識、警覺心、智慧眼光。

無名指：代表情緒、審美觀、社會地位、名聲信譽、異性緣好壞、性慾掌控。

小指：代表說話技巧、行為舉止、本能反應、財富多寡、子女關係、性功能。

七、指節代表的意義

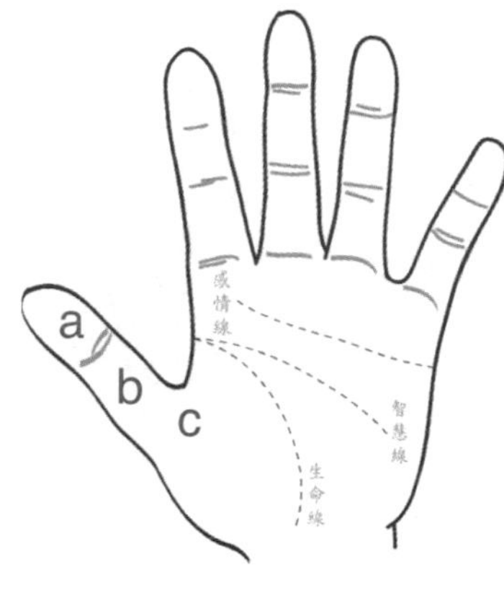

拇指

拇指第一指節：意志力的展現、自我意識的強弱。

拇指第二指節：理性邏輯、思考分析。

拇指第三指節：愛情的包容力。

食指

食指第一指節：直覺能力、自信心、行為約束力、守法性。

食指第二指節：進取心、好勝心。

食指第三指節：精神力量、慾望大小。

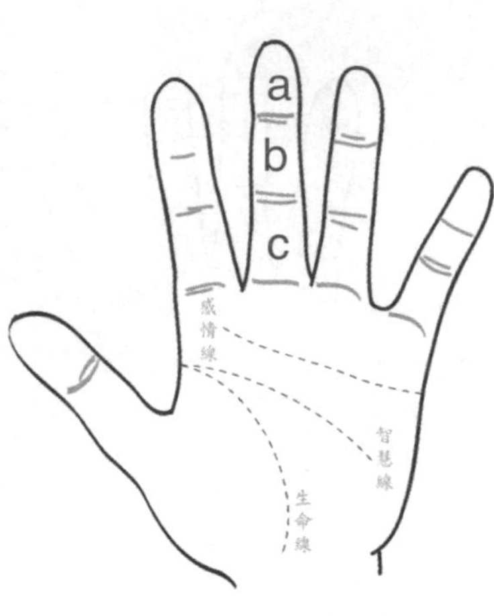

中指

中指第一指節：道德感、憂鬱性。

中指第二指節：責任感、研究心。

中指第三指節：慾望滿足、現實追求。

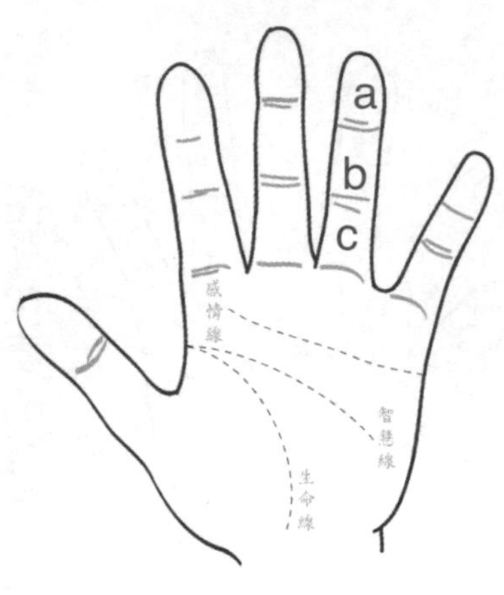

無名指

無名指第一指節：藝術美感、脾氣修養、個性取向。

無名指第二指節：名譽信用、生活情趣。

無名指第三指節：靈感直覺、才華發揮、性慾金錢。

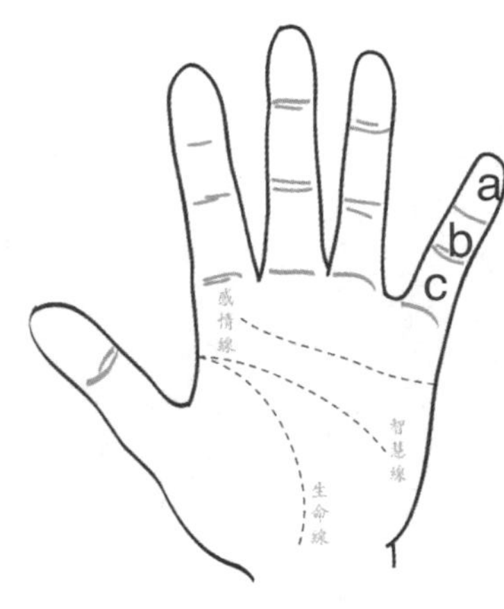

小指

小指第一指節：表現慾望、辯論能力。

小指第二指節：忍耐性、抗壓性、實踐能力。

小指第三指節：思考分析、勤勞恆心、性能力優劣。

八、各種丘位的代表意義

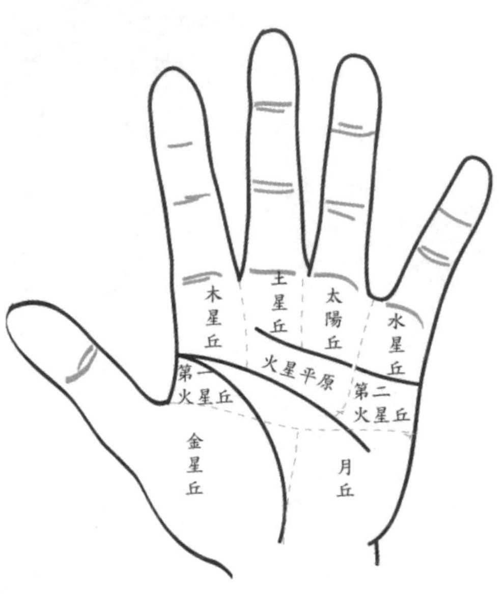

木星丘：意志力、權力慾望、奮鬥精神。

土星丘：思考分析、自我約束、理智主見。

太陽丘：才華技藝、創造能力、名聲地位。

水星丘：交際應酬、人際關係、演說技巧。

金星丘：愛情追求、審美觀念、精神意志、體力多寡。

第一火星丘：決策能力、勇氣展現。

第二火星丘：忍耐力、抗壓性、約束力。

太陰丘：情緒反應、心理感受、隱私神秘、想像能力。

地丘：本能反應、實際想法、體能精力。

九、丘谷的判斷方法

㈠剛強之丘

意義：

位於第一星丘與金星丘結合處，拇指若有伸展動作或張或合的時候，就會有明顯的變化，代表人的剛烈脾氣、大膽進取、主動出擊。

判斷：

若此丘位稍微凹陷，表示為人懂得應對進退，處理事情剛柔並濟，是比較中庸之道的人，但若太過隆起，表示做事急躁衝動，而不考慮後果，常常因此惹禍。

㈡情意之丘

意義：

位於食指跟中指的結合處，就在指縫的下方，代表意志展現、努力奮鬥、慾望滿足。

判斷：

若此丘位隆起的話，表示意志堅定，有理想抱負，不容易受人影響，會主動積極、

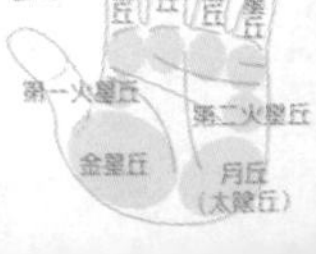

奮鬥向上，但若是太過低陷，表示體力不佳、精神恍惚，容易受人慫恿，缺乏努力的鬥志。

㈢ 智慧之丘

意義：

位於中指和無名指之間，就在指縫的下方，表示為人的聰明才智以及判斷事物的能力。

判斷：

若此丘位隆起的話，表示腦筋優秀、研究心強，有豐富的知識與過人的見解，做事情能認真負責，而獲得不錯的成果，若是太過低陷，表示反應遲鈍，判斷力較差，容易上當受騙，自我約束力弱，會做出衝動的事情而遭遇挫折失敗。

㈣ 愛美之丘

意義：

位於小指和無名指之間，就在指縫的下方，表示為人的學習能力、才華技藝，情緒變化、對事物的審美觀、生活品味的情趣。

判斷：

若此丘位隆起的話，表示為人品味高、附庸風雅，很重視個人隱私，對外活潑愛現，而且容易親近，不太會隨便發脾氣，人際關係十分良好，反之，若太過低陷的話，表示體力較差，性生活有問題，情緒容易鬱卒煩悶，不懂得表現自己，愛情方面容易遭受挫折。

㈠剛強之谷

意義：

位於拇指與食指間的虎口，表示為人的正義感、直爽豪邁、剛強激烈的程度。

判斷：

要把拇指跟四指張開來觀察，一般是五十度到九十度左右，若張開的角度適中，表示個性獨立，富有主見，凡事會積極爭取，不怕競爭的局面，有不錯的領導能力，但若張開角度過大的話，表示自大驕傲，不聽勸諫，凡事膽大妄為，容易惹事生非，特別是金錢方面，容易揮霍無度。若張開的角度過小，表示個性軟弱，膽小沒主見，容易受人影響，有點神經質，做人處世非常小氣、吝嗇。

㈡ 情意之谷

意義：

位於食指與中指間的隙縫，表示為人的意志力、貫徹力、自我慾望的範圍。

判斷：

觀察張開角度的大小，一般是二十五度到六十度之間，若張開的角度大，表示有理想抱負，眼光遠大，會積極奮鬥到底，不怕任何的險阻，會力求突破，若張開的角度小，表示為人現實主意，不顧情誼，沒有什麼作為，會比較貪圖享受，忽略長遠未來，

㈢ 智慧之谷

意義：

位於中指與無名指間的隙縫，表示人的思考邏輯、行為舉止、服從合作的程度。

判斷：

觀察張開角度的大小，一般是十度到五十度之間，若張開的角度大，表示腦筋聰明，懂得謀略，但有點過度自信，不喜歡受拘束，若張開的角度小，表示思想容易偏

激，不懂得中庸之道，做事情喜歡速成，不擇手段去完成。

㈣ 愛美之谷

意義：

位於無名指與小指間的隙縫，表示為人的情緒反應、表現能力、感情豐富的程度。

判斷：

觀察張開角度的大小，一般是二十五度到六十度之間，若張開的角度大，表示個性活潑外向，與人容易親近相處，很重視生活品味，談戀愛懂得情趣，不過脾氣有點任性，若是張開的角度小，表示個性拘謹、傳統保守，不太能交際應酬，防衛的心態較強，感情會溝通不良，反應容易情緒化。

（一分鐘教您手連心）

掌心三線，露玄機
兩手一攤，現禍福

壹、蜿蜒有力、常保萬年青的生命線

生命線別名叫做地紋、乙奇線，通常是由手掌的虎口開始，沿著拇指底部環繞，呈現弧狀的線條。生命線的作用，可以代表人的生理機能、健康情況，以及環境適應力，通常跟遺傳有關係，反映出先天發育的好壞，是否有隱藏疾病的因子，可以用來當作壽命的參考。除此之外，生命線也可以推斷個性、脾氣，以及意外災害的發生。

一般來說，生命線要清晰、深明、連續、顏色紅潤、沒有雜紋，是屬於健康良好的生命線，反之，短淺、模糊、破碎、黯淡灰黑、出現雜紋，是屬於不理想的生命線。但在解釋方面，不完全代表個人壽命的長短，如果深長的話，可以說是體質健壯、較少疾病，很重視運動，所以比較能夠長壽，但若是短淺的話，那就是體質虛弱、抵抗力差，很容易生病，生命比較受到威脅，而不容易長壽。換個方式來說，生命線優秀的人，個性比較樂觀積極，做事情比較有魄力，能夠衝鋒陷陣，能適應不同的環境挑戰，因此很容易獲得成功，相對的，生命線不良的人，個性比較膽怯消極，不敢面對困難挑戰，顯得猶豫不決、三心二意，無法長久持續專注，虎頭蛇尾的情況，而造成失敗挫折的結果。

壹、生命線

a：生命線
b：理智線
c：感情線

一、深長紅潤的生命線

深長紅潤的生命線，表示為人先天體質健壯，免疫力強，是長壽的象徵，個性開朗大方，常常笑臉迎人，所以人際關係不錯，又意志力堅定，不怕任何困難，會願意面對挑戰，因此事業跟財富上，能有令人驚訝的表現。

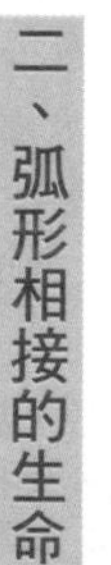

二、弧形相接的生命線

弧形相接的生命線，表示運勢起伏大，會有較多的阻礙來考驗個人意志，事業方面，多半面臨挑戰選擇，不知道該如何取捨，容易因為猶豫不決，而錯失轉換跑道的良機，而使得困境叢生，對人生態度丕變。

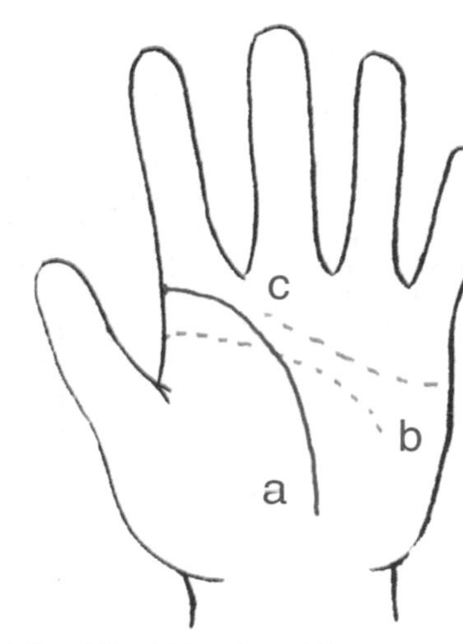

三、接近食指的生命線

接近食指的生命線，表示為人頭腦清晰、反應靈敏，遇到問題的時候，會有當機立斷的決心，行動不會拖泥帶水，會勇敢面對眼前難關，而能開創出一條契機，結果往往令人刮目相看，能夠完成目標跟累積財富，是屬於自行創業的類型。

四、起點相連的生命線

起點相連的生命線，就是生命線跟理智線的開頭相連，表示為人謹慎小心、行事保守，不具冒險開展的精神，對於人、事、物會斤斤計較，心胸顯得較為狹隘，但是由於深謀遠慮、思考周全，是個不錯的企畫顧問或幕僚人員。

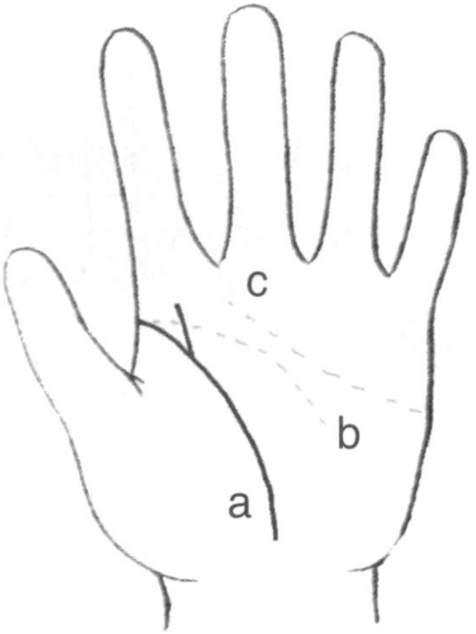

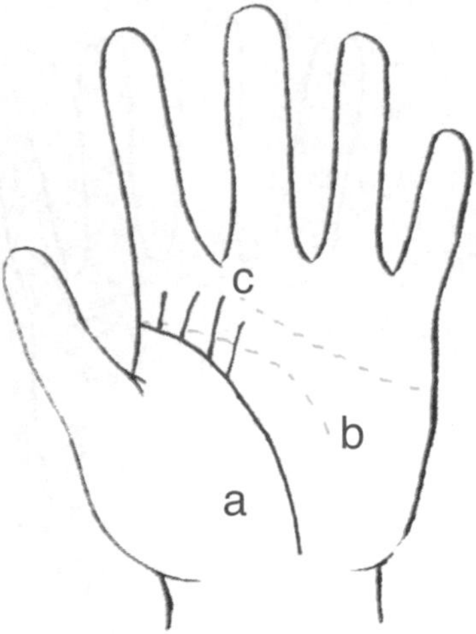

五、向上分岔的生命線

向上分岔的生命線，表示為人樂觀積極、外向活潑，喜歡探索新奇的事物，學習吸收的能力很強，會很認真的充實自己，具有工作的競爭力，會希望地位向上升遷，獲得更多實質的獎賞，結果通常能夠順利成功。

六、往上延伸的生命線

往上延伸的生命線，就是長有許多小支線，別名叫做希望線。表示為人理想遠大、心胸開闊，對於將來事業很有期許、抱負，會展現旺盛的企圖心，但支線不宜雜亂，這樣反而心思太過浮動不安，凡事會有不切實際的現象。

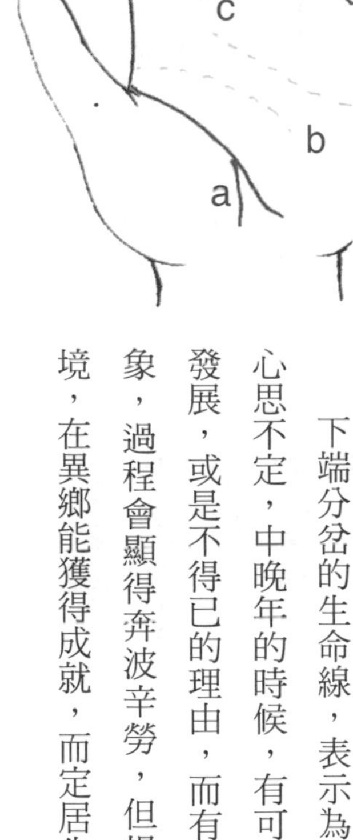

七、下端分岔的生命線

下端分岔的生命線，表示為人想法多重、心思不定，中晚年的時候，有可能想向外尋求發展，或是不得已的理由，而有離鄉背井的現象，過程會顯得奔波辛勞，但慢慢能漸入佳境，在異鄉能獲得成就，而定居生根。

八、拇指根部的生命線

拇指根部的生命線，就是生命線從拇指根部開始延伸，表示為人自私自利、不太合群，若拇指的部分，就是金星丘顯得狹窄不豐滿，那情況更加明顯，經常為了追求榮華富貴，不惜頂撞得罪他人，無形中招惹禍端。

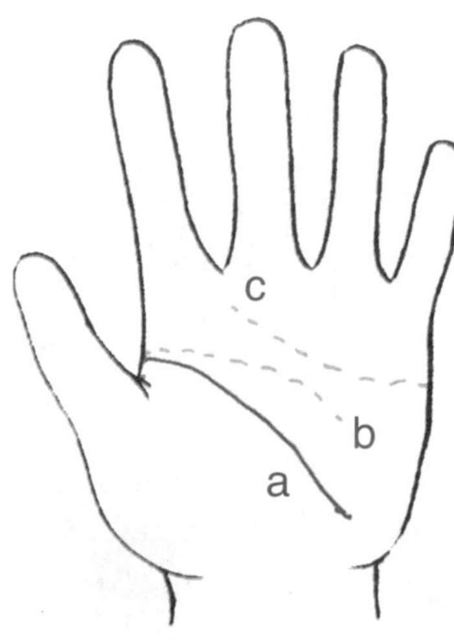

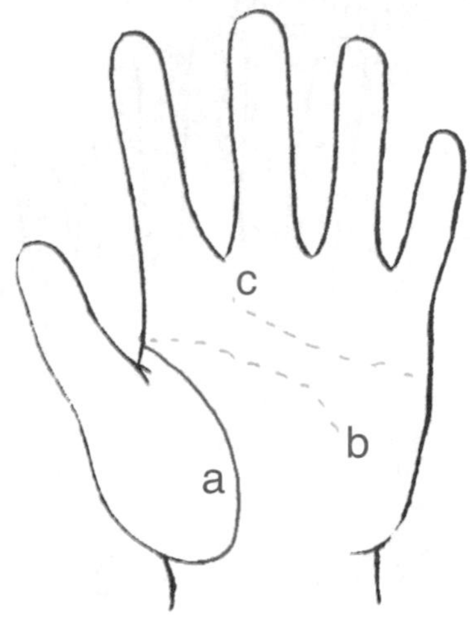

九、朝向月丘的生命線

朝向月丘的生命線，表示為人多愁善感、帶有點神經質，對於事物的變化，會非常的敏銳，而有不安的情緒產生，不喜歡壓力沉重的工作，喜歡自由無拘束的，所以會很重視休閒生活，若人生遇到挫折失敗時，容易有逃避現實的情況。

十、環繞拇指的生命線

環繞拇指的生命線，就是圍繞著金星丘，表示活力充沛、精神旺盛，對事業工作很有企圖心，會很渴望出人頭地，態度顯得非常執著，但運勢通常不錯，會有貴人從旁協助，加上自我的鍛鍊努力，會達成想要的目標成果。

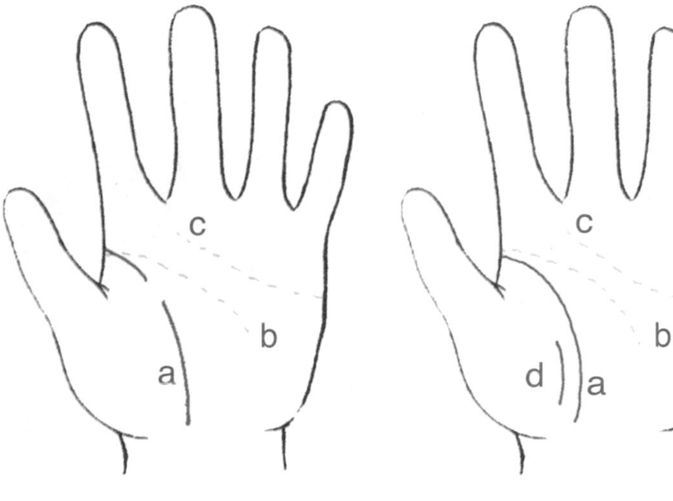

十一、相互平行的生命線

相互平行的生命線，就是在原有生命線旁，出現平行的支線，別名叫做火星線，表示能獲得額外的幫助與保護，事情會進行得較順利，身體也比較健康強壯，不容易受疾病侵襲，但對感情較為執著，會給自己帶來壓力，而影響到情緒。

十二、中途間斷的生命線

中途間斷的生命線，表示跟長輩的緣分較薄，彼此關係不是很親密，獲得的資助有限，再者，本身身體健康較差，容易遭受疾病侵襲或是意外災害，而有開刀住院的可能，如過能撐過危機的話，往後運勢會稍微平順。

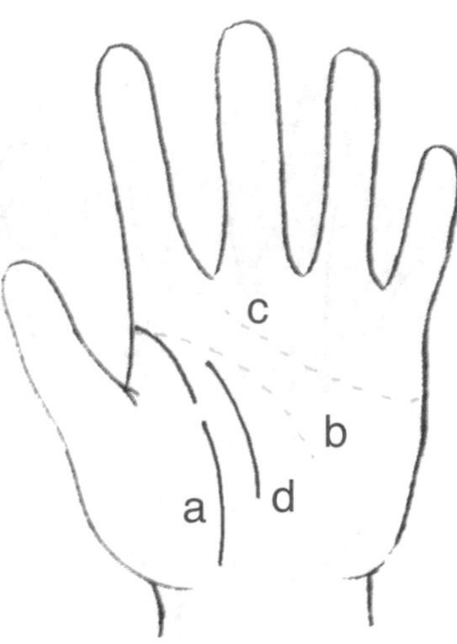

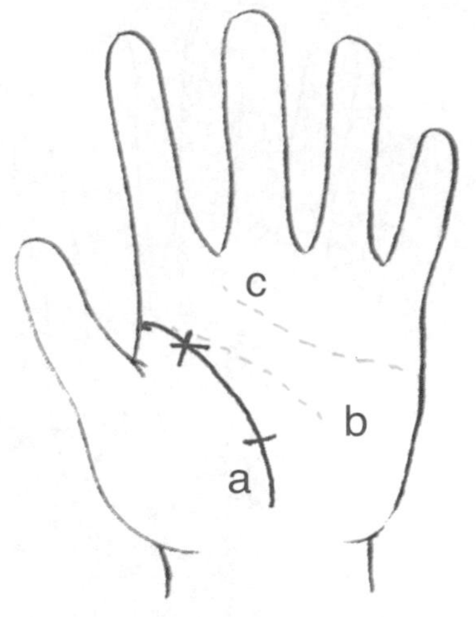

十三、間斷延續的生命線

間斷延續的生命線，就是間斷的生命線旁邊出現平行的支線，表示有修補延續的功用，間斷那段時期，出外容易遭受災禍，或是發生不幸的打擊，但最後都能化險為夷、平安度過，往後運勢會稍微平順安穩。

十四、出現紋路的生命線

出現紋路的生命線，就是生命線上有衡紋或是十字紋，表示運勢欠佳、常有災厄，會顯得奔波勞累，有六神無主的現象，若能記取教訓，腳踏實地重新出發的話，那麼各方面會有進展，會比以前要平穩安定許多。

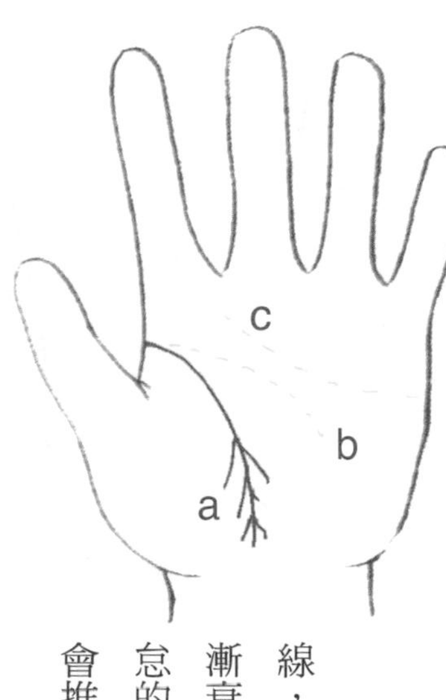

十五、向下雜亂的生命線

向下雜亂的生命線，表示生命線上有許多支線，但都是朝向下方，表示健康情況不佳，有日漸衰退的現象，事業上，會有體力不濟、疲倦懈怠的可能，讓你提不起勁來，由於勞累的緣故，會推辭交際應酬，人際關係上顯得孤獨寂寞。

十六、出現方格的生命線

出現方格的生命線，就是生命線有方格紋，但卻連接兩端沒有間斷，表示出外容易遇到危險阻礙，而陷入困難險境當中，但最後都能化險為夷，安然度過危機，若方格出現生命線兩端，則表示長期住院，或是有牢獄之災的現象。

十七、數條橫紋的生命線

數條橫紋的生命線，就是劃過生命線的紋路，別名叫做煩惱紋，表示運勢不佳、身體欠安，做什麼事情都不理想，困難阻礙重重，但若能夠修身養性，藉此反省沉潛，好好勵精圖治的話，假以時日必然脫胎換骨，有一番作為可言。

十八、斷斷續續的生命線

斷斷續續的生命線，就是生命線為不明顯的細小虛紋，表示環境變動起伏大，讓自己身心疲累不堪，凡事消極悲觀，顯得有心無力，跟親戚、朋友的緣分較薄弱，彼此關係不親密，身體上，腸胃容易出現毛病。

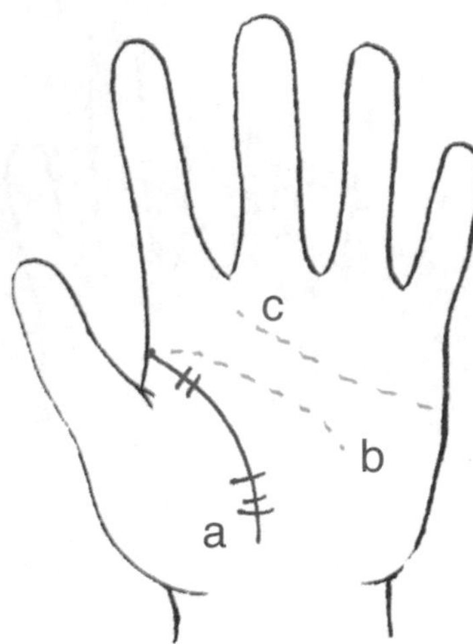

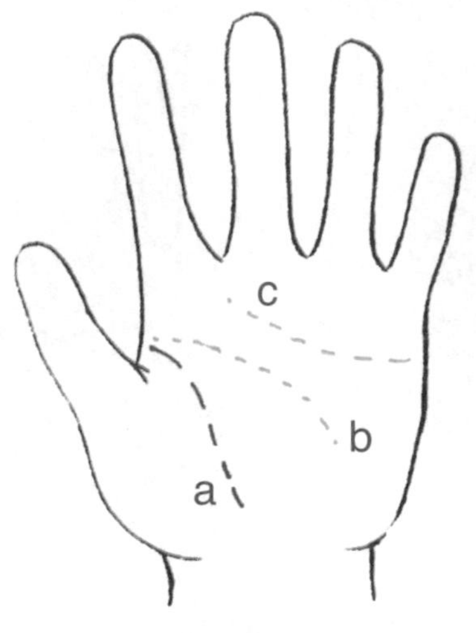

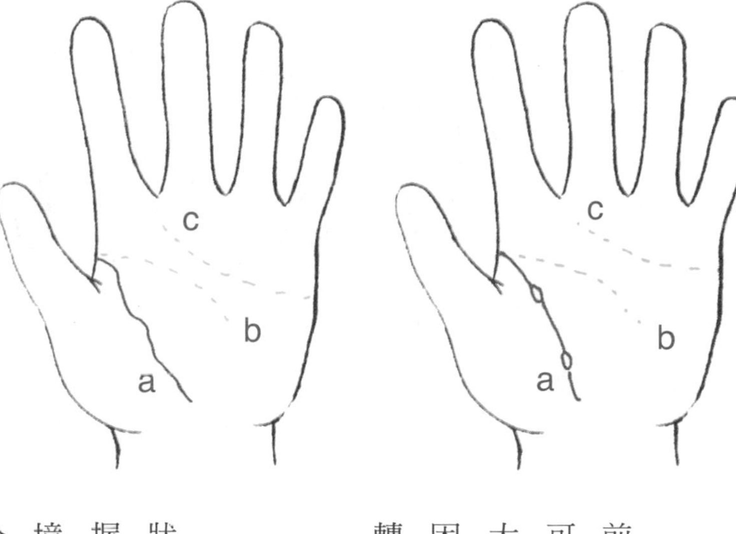

十九、出現島紋的生命線

出現島紋的生命線，若島紋在生命線的前端，表示跟雙親緣分薄，從小就離家，很可能寄養在別人家中，或是在孤兒院中長大，若是島紋在生命線中端，表示事業陷入困境，而沒辦法突破進展，宜耐心等待時機轉變。

二十、彎曲蛇行的生命線

彎曲蛇行的生命線，就是生命線如波浪狀般，表示運勢起伏很大，而本身無法掌握，有隨波逐流的意思，經常搬遷住家環境，或是四處工作謀生，女性方面，要注意分娩的過程，恐怕會有不順利的情況。

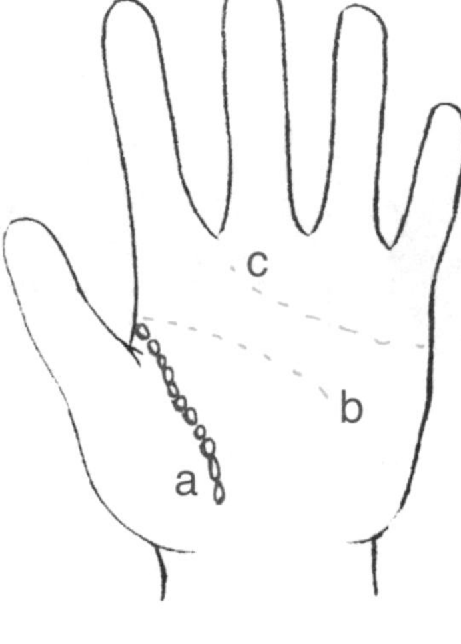

二十一、鎖鏈形狀的生命線

鎖鏈形狀的生命線，表示個人承受的壓力大，意志力顯得消沉，做事缺少額外助力，很容易招致失敗打擊，而失去希望信心，事業上，沒什麼旺盛的企圖心，有得過且過的心態，人生有自怨自艾的傾向。

二十二、尾端斜紋的生命線

尾端斜紋的生命線，就是生命線尾端有斜紋切過，表示晚年的運勢不佳，身體會有病痛疾病纏身，而顯得非常憔悴，錢財方面，容易被人牽連拖累，需要四處奔走操勞，身心方面有加速老化的現象。

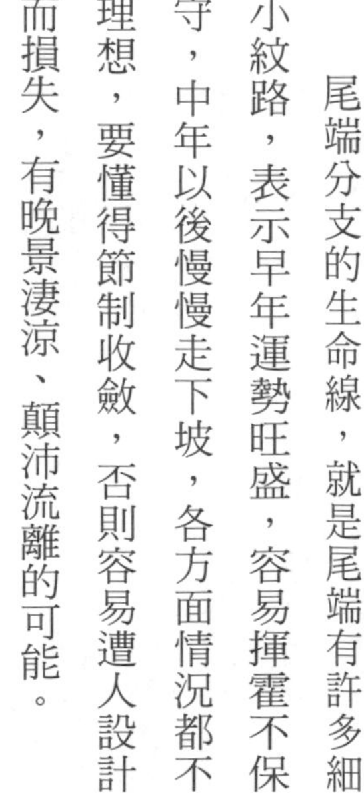

二十三、尾端分支的生命線

尾端分支的生命線，就是尾端有許多細小紋路，表示早年運勢旺盛，容易揮霍不保守，中年以後慢慢走下坡，各方面情況都不理想，要懂得節制收斂，否則容易遭人設計而損失，有晚景淒涼、顛沛流離的可能。

二十四、有十字紋的生命線

有十字紋的生命線，就是生命線上有十字紋劃過，表示容易遭受困境，運勢不太理想，有懷才不遇的感嘆，對人生失去希望，最好是能夠接近宗教，或是探索心靈方面的事物，這樣想法會比較達觀，看待世事較為平常心。

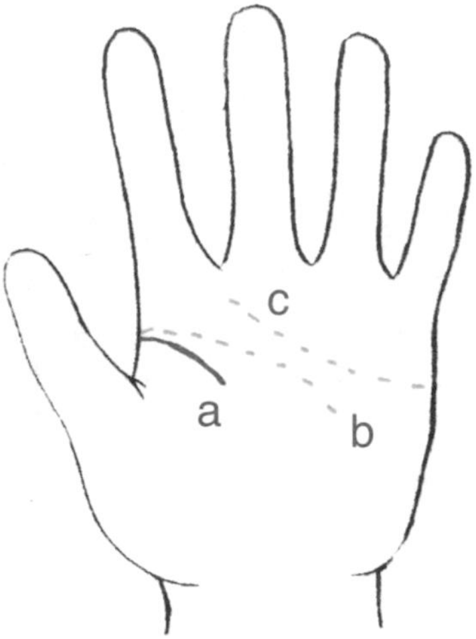

二十五、長度較短的生命線

長度較短的生命線，表示人生旅途困頓多，經常擔憂煩惱和害怕，因此對於未來的生涯規畫，沒有什麼理想、抱負可言，總是敷衍了事、不求上進，身體方面，中年以後每況愈下，必須注意保養身體，以防止疾病發生。

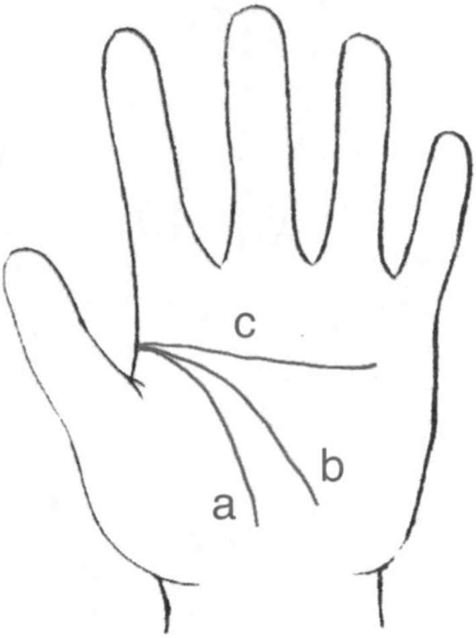

二十六、主線相連的生命線

主線相連的生命線，就是生命、理智、感情三條線相連，表示個性固執、為人自負，對很多事情都想掌握，又態度經常懷疑猜忌，所以跟人容易發生摩擦，行動舉止較不合群，心胸氣度顯得狹隘，有情緒化跟憂鬱症的傾向。

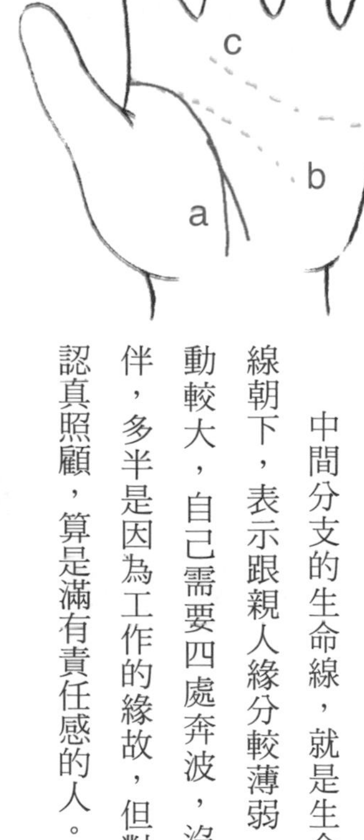

二十七、中間分支的生命線

中間分支的生命線，就是生命線中間有支線朝下，表示跟親人緣分較薄弱，彼此關係變動較大，自己需要四處奔波，沒辦法長期陪伴，多半是因為工作的緣故，但對於家庭能夠認真照顧，算是滿有責任感的人。

二十八、主線分離的生命線

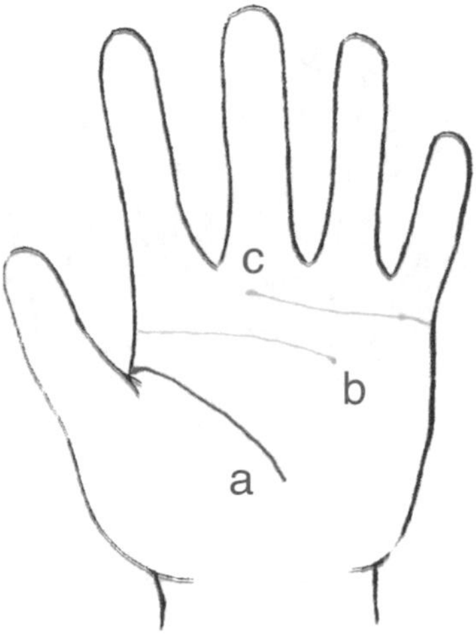

主線分離的生命線，就是生命、理智、感情三條主線不相連，別名叫做川字紋，表示個性大方豪邁、為人不拘小節，但是行事比較任性，很喜歡掌權做主，有自我中心的傾向，幸好不具有深沉心機，還能夠讓人相處接受。

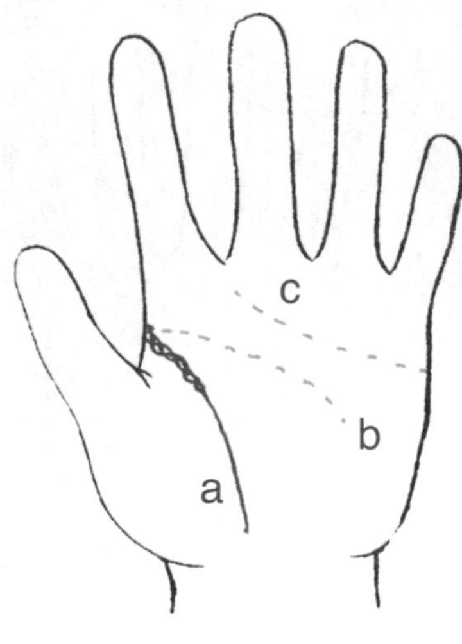

二十九、前端直紋的生命線

前端直紋的生命線，就是生命線前端有細紋分支朝上，表示天性聰明、喜歡思索，對於神秘新奇的事物，很有研究的心態，學習的能力很強，但是為人較不懂謙虛，喜歡在別人面前表現，很容易因為自以為是，而招來麻煩糾紛。

三十、前端鎖鏈的生命線

前端鎖鏈的生命線，就是生命線前端有鎖鏈紋路，而與理智線相連的情況，表示幼年體弱多病，健康情況不佳，讓家人、師長非常擔憂、煩惱，由於專注力降低，學習的進度會緩慢，需要加以補強挽救才行。

貳、足智多謀、分辨賢和愚的理智線

理智線別名叫做人紋、頭腦紋、丙奇線，通常是由手掌的虎口開始，往手掌中心來延伸，形成類似抛物線的紋路，開端有時與生命線相連，有時卻又沒有。

理智線可以代表人的腦部發育、神經系統的情況，因此可以看出反應機智、靈敏程度、觀察能力、思考邏輯、判斷力、約束力等等，是精神力的運用與展現，並且跟多種器官有關係，像是眼、耳、鼻、喉等器官。

理智線是主要紋路之一，通常決定人的智慧高低、學習能力的高下，對於求知識、做學問來說，是很重要的參考指標，並且跟將來事業的屬性，以及規畫未來的發展有關，若理智線優秀的話，清晰、深明、連續、顏色紅潤、沒有雜紋，那麼表示本身思考能力強，能夠靈活運用方法，遇到困難的時候，能夠很迅速的解決，因此不容易受到打擊，相對的，大家會比較信賴自己，人際關係也能夠和諧，反之，理智線若較差，短淺、模糊、破碎、黯淡灰黑、出現雜紋，表示想法偏激，聽不進勸言，做事獨斷獨行，眼光比較短淺，容易發生問題，卻又不好意思開口求人，欠缺貴人來幫助指引，事業上容易遭遇失敗挫折，而無法東山再起。理智線可以跟生命線做比較，將可以獲得更客觀的判斷。

貳、理智線

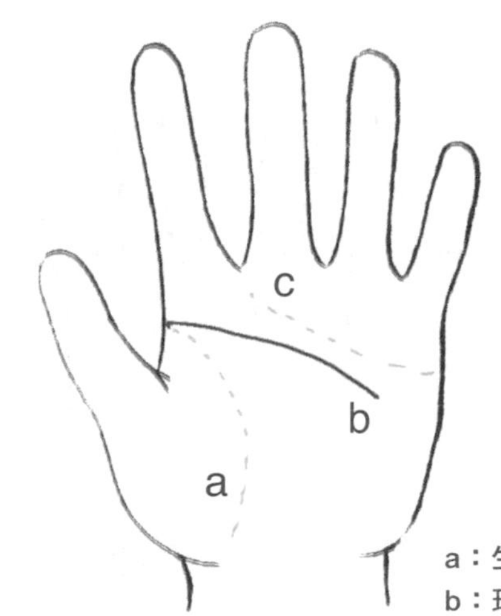

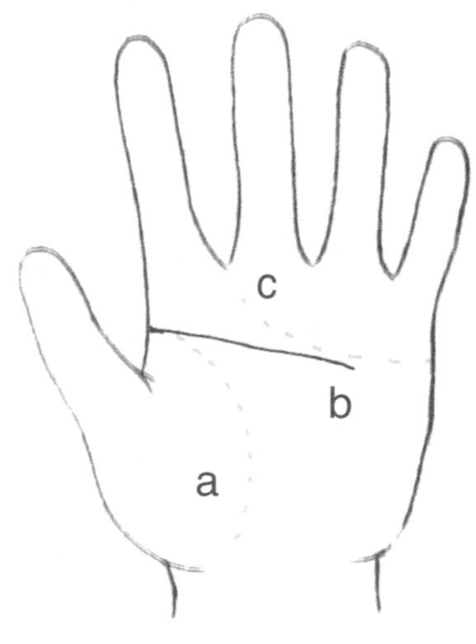

a：生命線
b：理智線
c：感情線

一、深長明顯的理智線

深長明顯的理智線，表示為人聰明機智、反應靈敏，有頗高的智商，很有研究的精神，人際關係通常十分良好，若各丘部位都很豐滿，表示周遭資源豐富，若能夠加以運用，那麼通常很早有成就，享有社會地位。

二、清晰筆直的理智線

清晰筆直的理智線，表示為人刻苦耐勞、做事腳踏實地，工作方面，會很認真投入，充實專業知識，不太會有懈怠的情形，再者，表示行事正直果斷，不會推三阻四，很重視個人承諾，能夠獲得他人信賴。

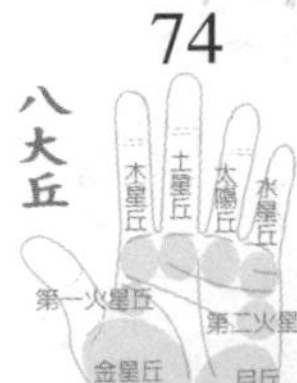

三、朝向月丘的理智線

朝向月丘的理智線，表示是個心思細密、情感豐富的人，對於事物有鑑賞的能力，具有藝術的審美眼光，因此很重視精神生活、居家環境的擺設佈置，事業上，多偏向文學藝術，或是需要發揮創作力的行業發展。

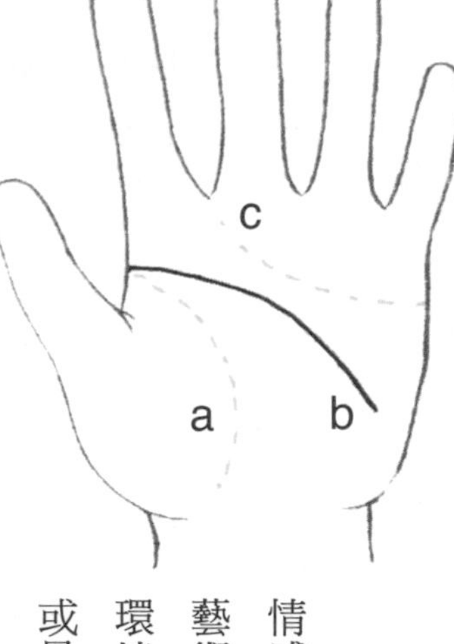

四、垂下延伸的理智線

垂下延伸的理智線，若幾乎跟生命線平行的話，表示為人不切實際、喜好虛幻事物，很容易因為壓力的關係，而有逃避現實的情況，但為人想像力、創造力豐富，很適合擔任廣告行銷或是藝術製作的工作，將會有發揮的空間。

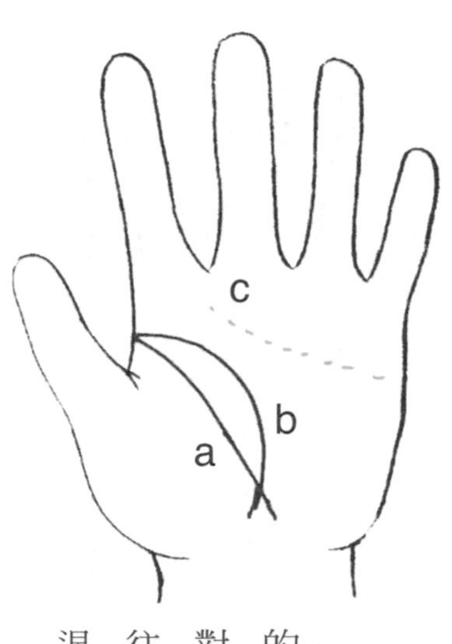

五、長度甚長的理智線

長度甚長的理智線，就是幾乎延伸到掌邊的情況，表示為人意志堅定、行事果斷，但卻顯得剛愎自用，不愛聽他人建言，有時會因此吃虧，人際關係上，行事較為自私自利，很會替自己的利益著想，但無形中容易得罪別人。

六、彎曲過度的理智線

彎曲過度的理智線，甚至尾端穿過生命線的情況，表示為人容易緊張，帶有點神經質，對陌生環境適應力較差，不善於人際關係的來往應酬，若遇到挫折失敗，態度會消極沮喪、退縮猜忌，有自尋煩惱而想不開的情況。

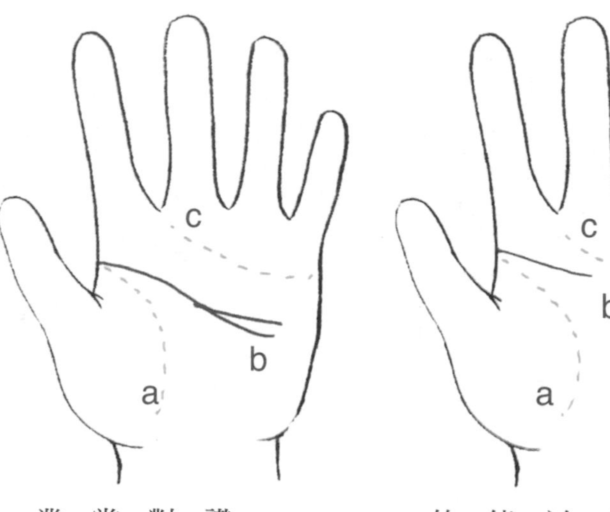

七、長度甚短的理智線

長度甚短的理智線，沒有達到中指的話，表示衝動行事、欠缺考慮，常常見到眼前的利益，卻忘記後面的危險，總是要嚐到苦頭，才能夠學到教訓，事業上，比較適合執行、操作的工作，不適合擔任領導階層或業務方面。

八、尾端分岔的理智線

尾端分岔的理智線，表示為人喜歡學習知識，吸收新穎觀念，來充實自己的能力，因此對於環境的趨勢變化，會顯得非常敏感，而能掌握住動向，事業上，往往會跳出來自行創業，或是經營相關的副業，成果還算豐碩。

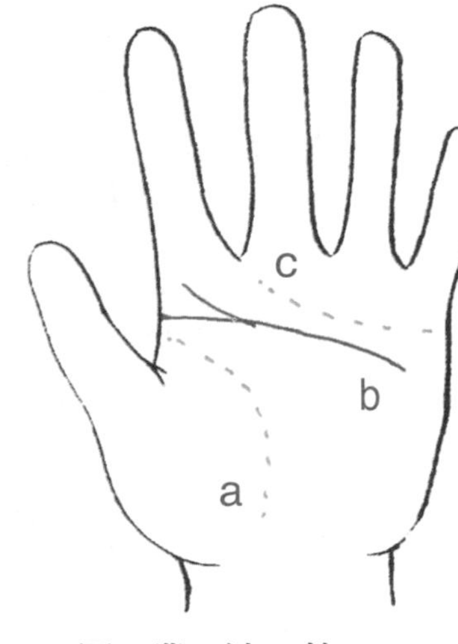

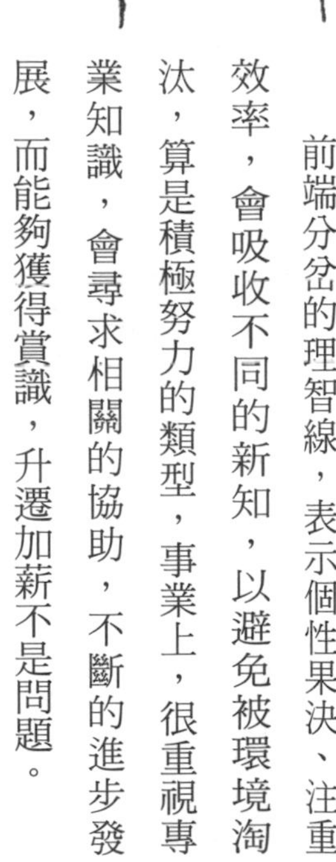

九、前端分岔的理智線

前端分岔的理智線，表示個性果決、注重效率，會吸收不同的新知，以避免被環境淘汰，算是積極努力的類型，事業上，很重視專業知識，會尋求相關的協助，不斷的進步發展，而能夠獲得賞識，升遷加薪不是問題。

十、支線朝上的理智線

支線朝上的理智線，若支線延伸至太陽丘，表示頭腦精明、智商頗高，為人心胸寬闊，能容納不同意見，能夠獲得他人認同，而處於領導的地位，若能加以發揮才華、謀略的話，將可以獲得名聲與社會地位。

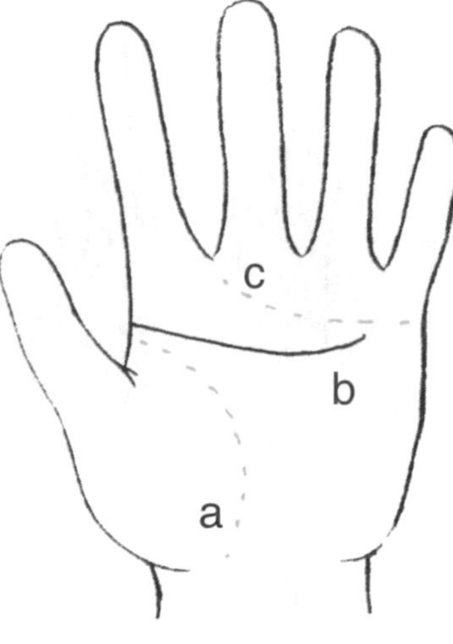

十一、尾端上彎的理智線

尾端上彎的理智線，表示行事謹慎保守，很重視人情味，凡事會先實際考量，評估規畫執行的情況，若覺得無利可圖，便不會積極投入，事業上，具有領導管理的才能，交際手腕也很不錯，可以擔任重要職務。

十二、尾端下彎的理智線

尾端下彎的理智線，但長度上不能太短，表示為人兼具理性跟感性，懂得人情世故的應對，很有一套交際手腕，加上思考謹慎、善於謀略，所以做事都很穩健踏實，不會有太大的差錯，中晚年以後，能享受辛勤打拚的成果。

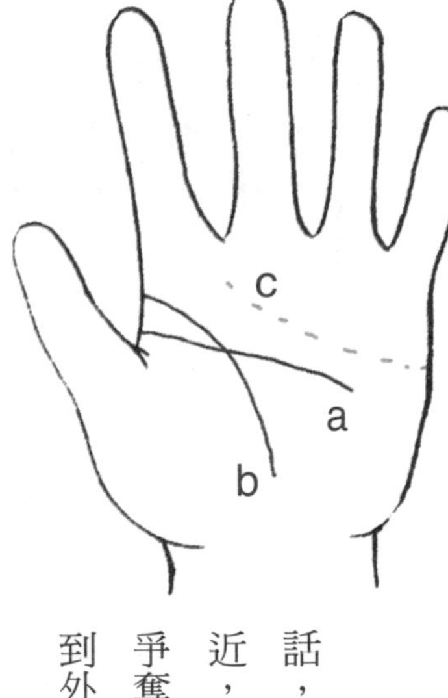

十三、交叉連結的理智線

交叉連結的理智線，起點跟生命線相連的話，表示個性孤僻、具警戒心，不太容易親近，會很重視隱私，對於利益而言，會積極的爭奪，不惜得罪他人，事業上，大多離鄉背井到外地發展，跟親戚、朋友顯得疏遠。

十四、起點分開的理智線

起點分開的理智線，跟生命線起點不相連，表示行事大方、不拘小節，不會很斤斤計較，願意犧牲奉獻，但公私恩怨分明，會很有原則的堅持，事業上，常憑感覺來行事，欠缺實際的思慮，有時容易遭受失敗挫折。

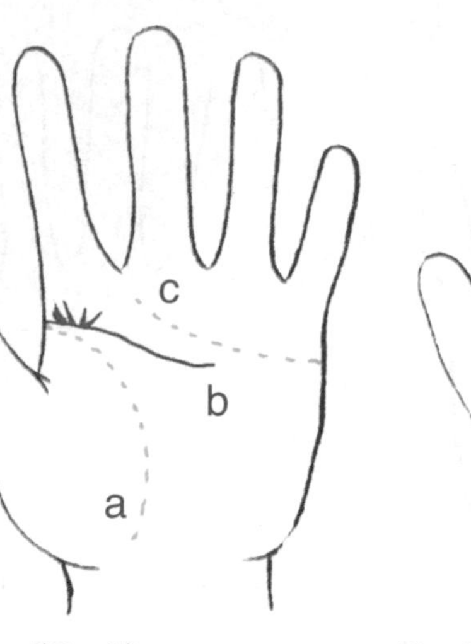

十五、支線平行的理智線

支線平行的理智線，雖然平行卻不相連，表示個性優柔寡斷、喜好不定，對很多事情都有興趣參加，但最後都不了了之，只有三分鐘熱度而已，事業上，常有半途而廢的現象，所以必須要培養毅力、恆心，否則難以發達成就。

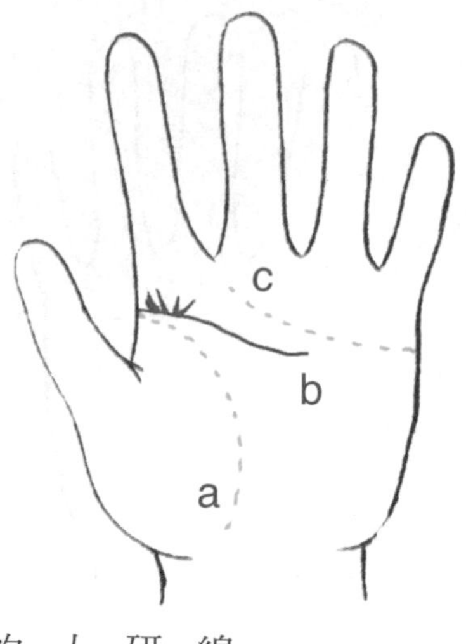

十六、前端分支的理智線

前端分支的理智線，就是理智線前端有支線朝上，表示天生聰穎、腦筋靈活，喜歡學習研究新知、探索新奇事物，是個充滿上進心的人，事業上，能夠運用新的想法，開創出生存的空間，是個不錯的企畫及幕僚人才。

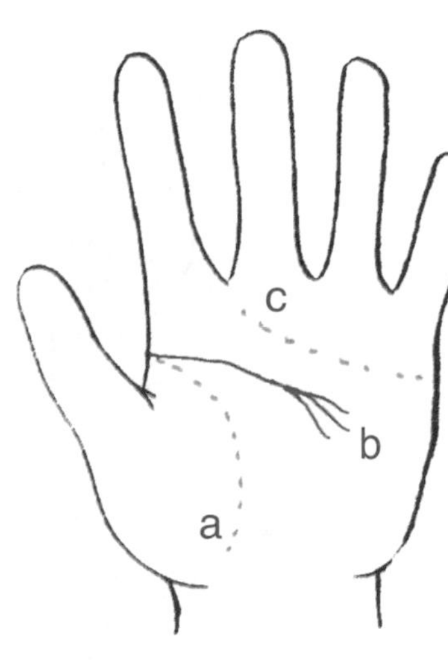

十七、尾端分支的理智線

尾端分支的理智線，就是理智線尾端有許多細紋分怖，表示為人多愁善感，對事情的觀察敏銳，經常會有悲觀空洞的想法，生活過得有點不切實際，事業上，經常感到苦悶及煩躁不安，沒有外表上看來那樣平靜。

十八、前後彎曲的理智線

前後彎曲的理智線，就是理智線前後彎曲與生命線相連，表示個性獨立自主，凡事靠自己解決，是個充滿鬥志的人，事業上，很有企圖心，會奮發向上，只要不斷的充實自我，就能發揮相當的才華，獲得不錯的成果績效。

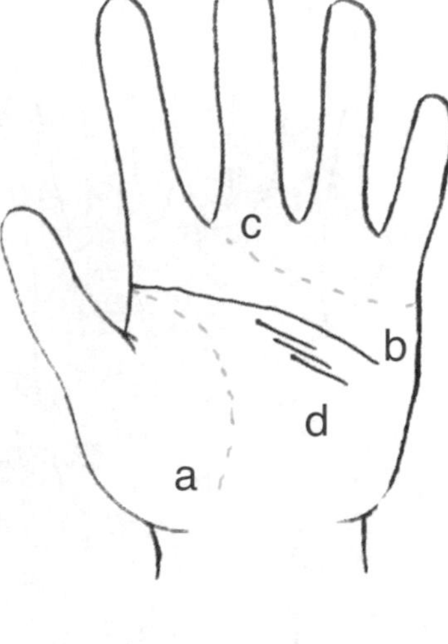

十九、下方平行的理智線

下方平行的理智線，就是理智線下方有平行的支線，表示個性纖細敏感，但缺乏幹勁活力，比較沒辦法貫徹目標，有半途而廢的傾向，事業上，呈現多頭馬車的情況，不知道該如何抉擇，最好要培養毅力、耐性。

二十、中途間斷的理智線

中途間斷的理智線，就是理智線中途有缺口出現，表示判斷力較差，經常看走眼，對事情的發展趨勢，較無法全盤掌握，欠缺深思熟慮的結果，導致失敗挫折會較多，身體方面，要注意神經衰弱的現象，或是腦部疾病的發生。

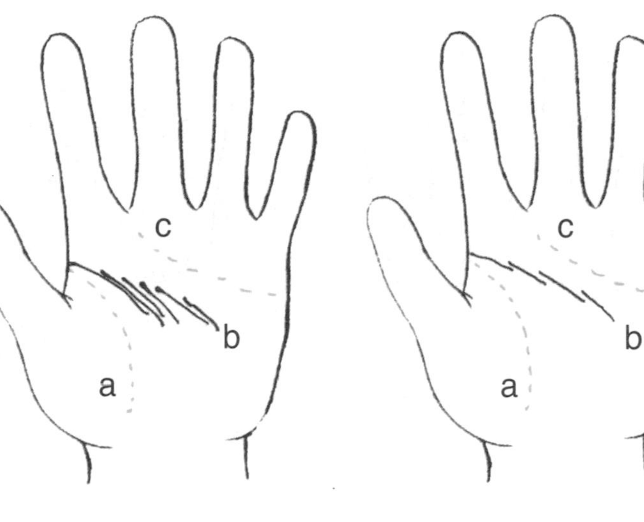

二十一、斷斷續續的理智線

斷斷續續的理智線，就是理智線像虛線般不明顯，表示個性消極、意志薄弱，對什麼事情都提不起勁，只是想偷懶怠惰而已，事業上，經常虎頭蛇尾，無法堅持到底，會遭他人嫌棄或責罵，而從此喪失自信心。

二十二、掃把形狀的理智線

掃把形狀的理智線，就是理智線尾端像掃把的形狀，表示精神狀態不穩定，時而欣喜、時而發怒，對於人事的變化很敏感，會做出情緒化的反應，事業上，比較不切實際，有幻想期待的傾向，應該要腳踏實地才好。

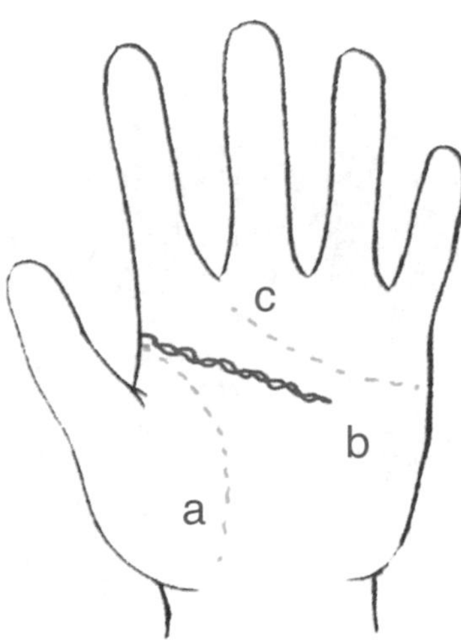

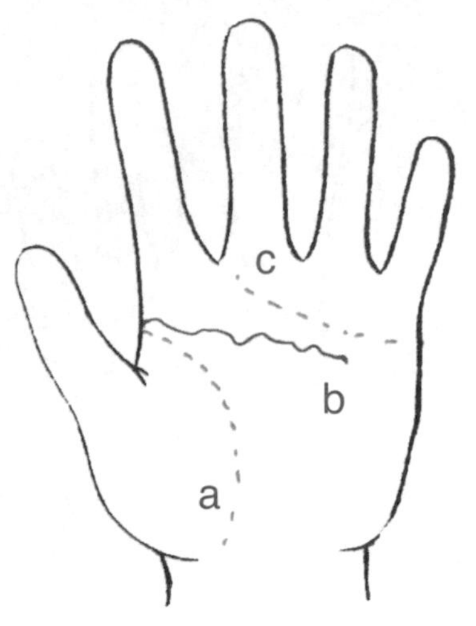

二十三、鎖鏈形狀的理智線

鎖鏈形狀的理智線，表示為人精神不夠專注，意志力無法集中，做事情有猶豫不決的傾向，而顯得缺乏主見，事業上，由於態度不堅定，常常會懷疑自己，對任何事都不保持希望，所以才華、能力的發揮，容易受到外在因素的限制。

二十四、蛇行曲折的理智線

蛇行曲折的理智線，就是理智線呈現彎曲波浪狀，表示為人心思不定、個性浮躁不安，做事的表現不太理想，比較有隨性的味道，人際關係上，跟人家無法溝通協調，常有爭執吵鬧的現象，共事上會出現問題。

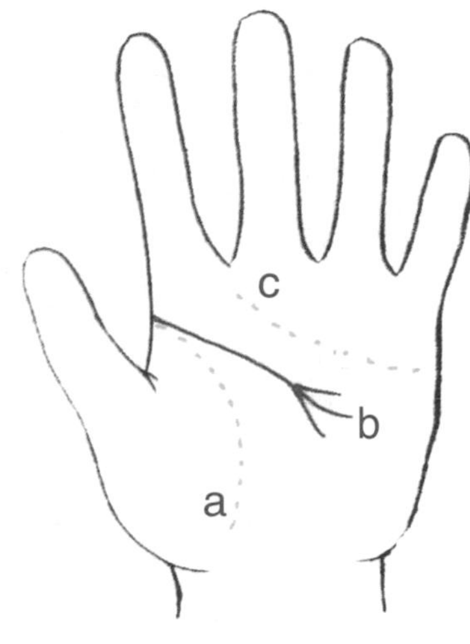

二十五、末端分岔的理智線

末端分岔的理智線，就是理智線末端分岔為三條線，表示為人聰明、極富機智，但心思稍嫌複雜，有神經質的現象，事業方面，若從事創意思考的行業，會非常的適合，財運上，有投機的心態，希望一步登天。

參、動人心弦、歡喜又悲傷的感情線

感情線別名叫做天紋、丁奇線、愛情線，通常是由小指的下方開始，從手掌四分之一的位置，朝掌心方向來做延伸，尾端接近中指或食指基部，呈現弧狀的線條。

感情線代表人的情感作用，對於外界事物的感受能力，以及個人喜好、愛情選擇、審美觀念、藝術品味的能力，除此之外，跟人際關係的互動，也有很大的影響，像是交友、戀愛、婚姻等等，偏向精神性的內心活動。

感情線不同於理智線，理智線多半是指後天學習而來的能力，而感情線卻是與生俱來的本能及生理反應，若感情線優秀的話，清晰、深明、連續、顏色紅潤、沒有雜紋，表示感情生活多采多姿，有自己的主見判斷，不容易受情緒影響，會維持人際關係的和諧，感情交往過程會比較順利，婚姻家庭會比較幸福美滿，反之，若感情線較差的話，短淺、模糊、破碎、黯淡灰黑、出現雜紋，那麼情緒會比較極端，對事情過分敏感，反應會相當激烈，人際關係容易緊張，常常與人爭執吵鬧，感情交往不順利，婚姻家庭有問題，有很多波折阻礙，而無法如願以償。但感情線若跟理智線做比較，會得到較為客觀的結論。

參、感情線

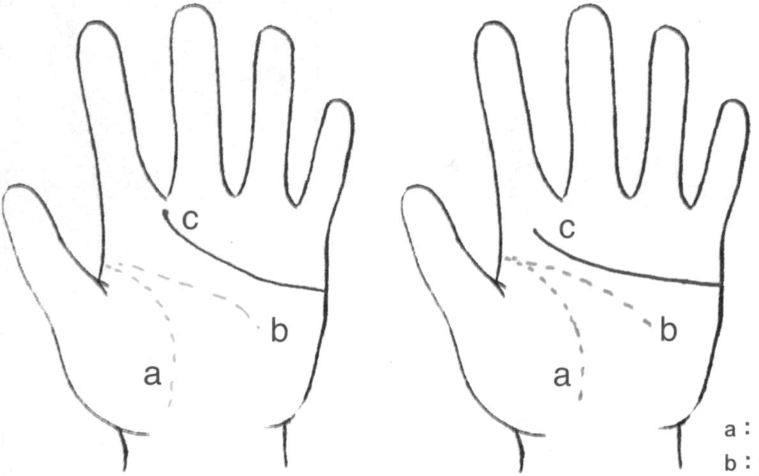

a：生命線
b：理智線
c：感情線

一、延伸食指的感情線

延伸食指的感情線，就是尾端止於食指下方丘位，表示為人天真浪漫、感覺敏銳，喜歡美好的事物，有不切實際的想法，感情上，對物質方面不太渴求，但很重視心靈的溝通，不太敢直接表達愛意，有期待又怕受傷害的心態。

二、長度適中的感情線

長度適中的感情線，就是尾端止於食指跟中指之間，表示為人成熟穩重、個性開朗大方，表達能力十分良好，有正常的人際交往，對於感情方面，選擇觀念相近的伴侶，並且希望對方真誠的付出，彼此能共譜美好的戀情。

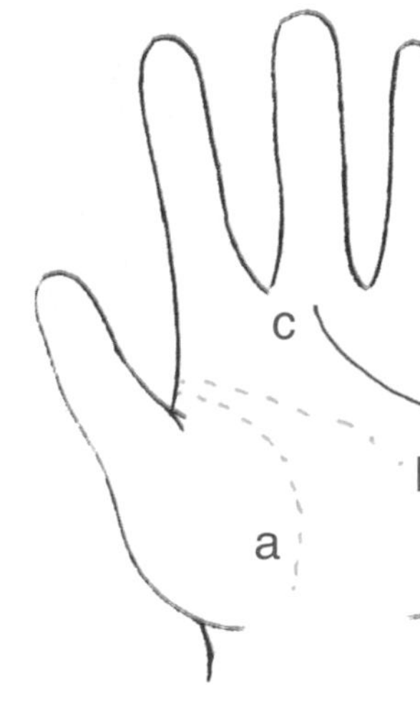

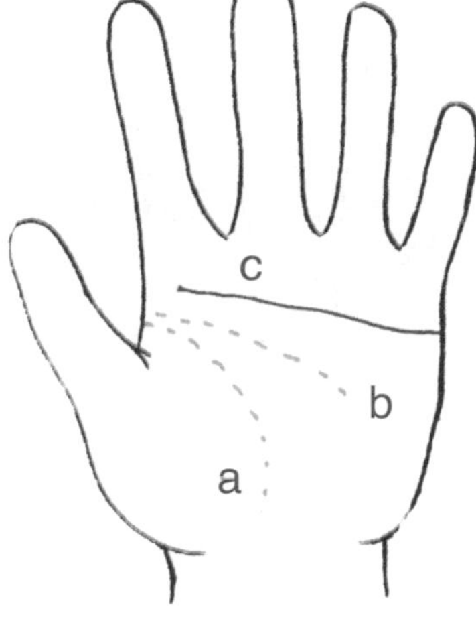

三、延伸中指的感情線

延伸中指的感情線，就是尾端止於中指下方丘位，表示重視物質、喜歡享受，生活有奢侈浪費的傾向，有沉迷於物慾的可能，感情方面，佔有慾強、猜忌心重，對伴侶百般要求，但多半是肉體方面的，而且容易用情不專。

四、筆直清晰的感情線

筆直清晰的感情線，就是橫越掌中但不向上彎，表示為人自私自利、不重視人情事故，會愛佔人家便宜，而不會分享奉獻，感情方面，由於事業心重、企圖心強，會忽略另一半的感受，彼此關係會逐漸冷淡，最後形同陌路。

五、長度過短的感情線

長度過短的感情線，就是止於無名指下方丘位，表示為人重視利益，屬於享樂主義，對人不會真誠付出，顯得虛情假意，感情方面，有喜新厭舊、用情不專的現象，經常更換交往對象交換，容易有三角戀、追逐一夜情的傾向。

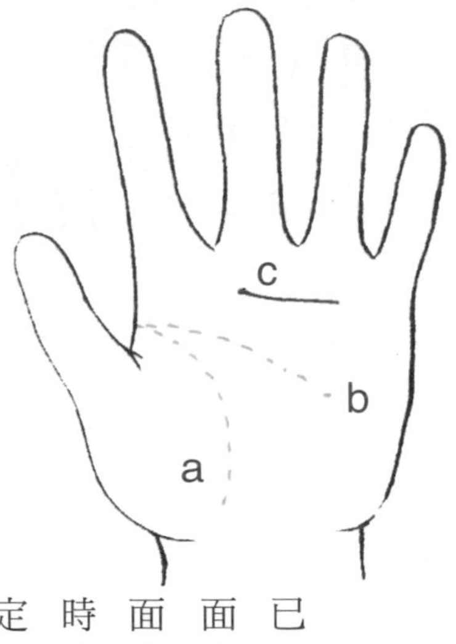

六、無頭無尾的感情線

無頭無尾的感情線，表示僅有中間一段而已，表示跟家人關係不親密，彼此很少溝通見面，人際交往不熱絡，朋友會比較疏遠，感情方面，態度搖擺不定，不知道如何挑選，真正交往時，由於容易情緒化的關係，會影響到感情的穩定。

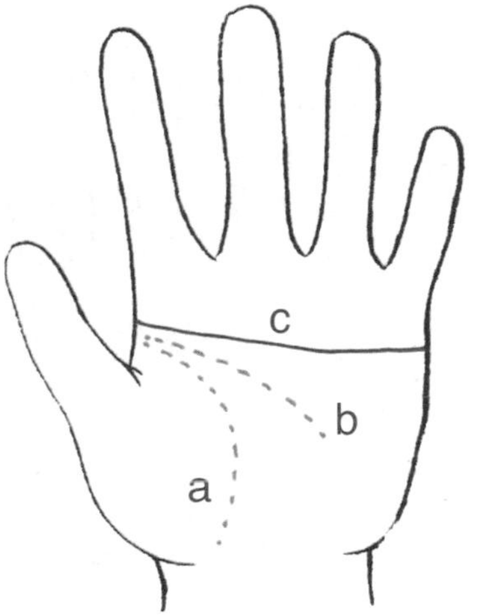

七、斷掌橫越的感情線

斷掌橫越的感情線，這是俗稱的斷掌的手紋，表示為人意志堅定、行事獨特，不受他人的拘束，所以展現強勢的態度，會讓旁人感到莫名壓迫，感情上，容易固執己見，堅持理想原則，身段無法柔軟，往往有自尋煩惱的現象。

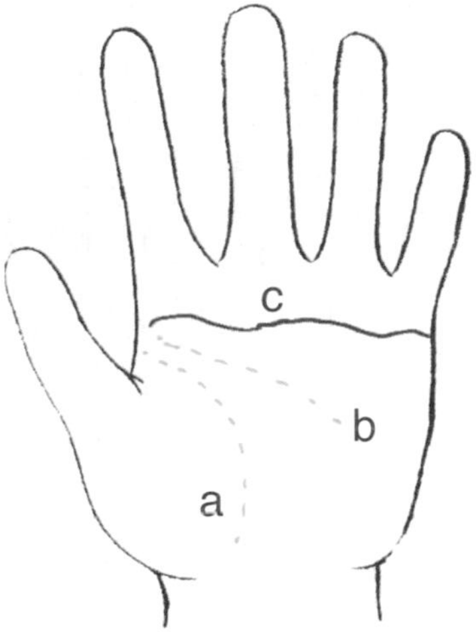

八、波浪形狀的感情線

波浪形狀的感情線，表示為人木訥、老實憨厚，很好拜託、請求，人際還算不錯，但感情方面，不懂浪漫情調，常常誤解風情，讓對方不知所措，彼此的步調不搭嘎，因此很難維持穩定，需要激起愛情的火花，否則感情無法長久。

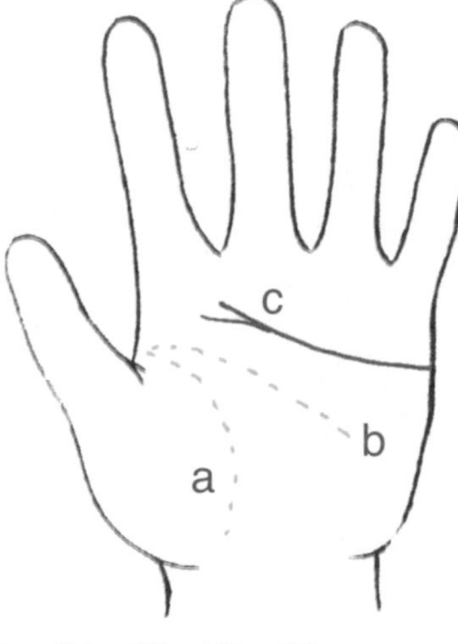

九、尾端分岔的感情線

尾端分岔的感情線，表示好奇心強、喜好探索，具有冒險嘗試的心態，常常做出驚人的舉動，感情方面，態度不是很認真，有遊戲人間的現象，很容易順眼來電，而墜入情網，但親密關係維持不久，很容易因為時間、環境而冷卻下來。

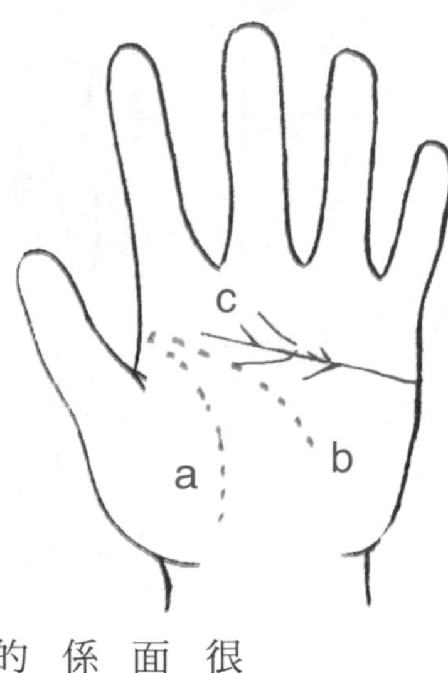

十、尾端下彎的感情線

尾端下彎的感情線，表示為人充滿自信、很有見地，願意為他人犧牲奉獻，不過感情方面，會顯得稍微吃虧一點，因為心腸太軟的關係，很容易相信對方的謊言，而有被欺騙上當的現象，導致感情路有坎坷、挫折。

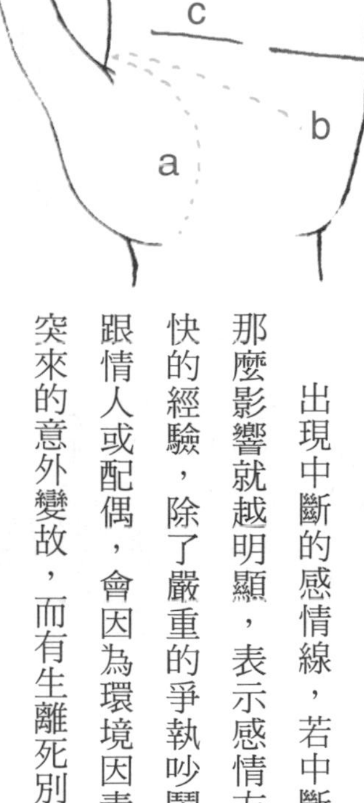

十一、出現中斷的感情線

出現中斷的感情線，若中斷的缺口越大，那麼影響就越明顯，表示感情方面發生過不愉快的經驗，除了嚴重的爭執吵鬧之外，甚至於跟情人或配偶，會因為環境因素的造弄，或是突來的意外變故，而有生離死別的情況。

十二、小指缺口的感情線

小指缺口的感情線，就是小指下方出現缺口，表示感情交往不懂體諒，只會一味要求對方付出，甚至不惜犧牲對方，讓對方覺得心灰意冷，加上彼此的觀念不合，經常吵吵鬧鬧，感情會走向分手一途，不容易交到真心的伴侶。

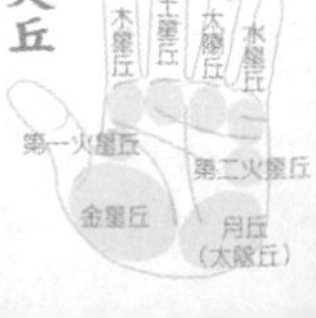

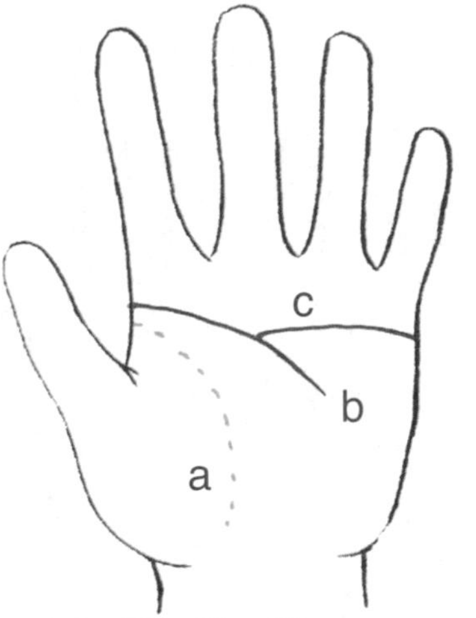

十三、下垂相連的感情線

下垂相連的感情線，就是感情線下垂跟理智線相連，表示為人反反覆覆，無法做出決策，行動總是顯得遲緩，特別是感情方面，容易讓人捷足先登，而獨自哀傷怨嘆，會因此看破感情，而不願意再度面對，會用工作來作為逃避藉口。

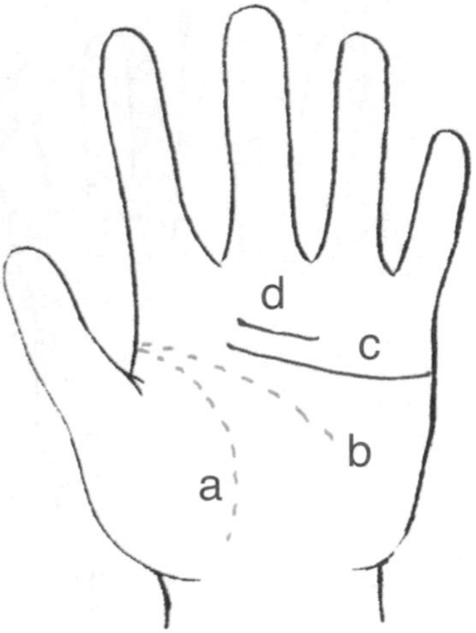

十四、支線平行的感情線

支線平行的感情線，表示為人人緣甚佳，容易獲得幫助，特別是異性朋友，會無微不至的對自己關心照顧，讓自己有時不太好意思，會希望跟對方發展為情侶，但又顧慮眾多的因素，而一時間難以取捨，常有矛盾的心態出現。

十五、前端分岔的感情線

前端分岔的感情線，就是小指下方有許多分支，表示遭受眾多阻礙，經常心生煩惱，而顯得浮躁不安，對感情缺乏安全感，時常會有猜忌的現象，若結婚以後，會擔心配偶外遇出軌，讓配偶的壓力很大，容易發生爭吵，影響婚姻感情。

十六、中指下分岔的感情線

中指下分岔的感情線，就是感情線在中指下分岔為三條，表示腦筋靈活、懂得變化，善解他人的心思，感情的追求很有一套，善於表現羅曼蒂克，及配合浪漫氣氛的手法，常常能獲得情人的青睞。

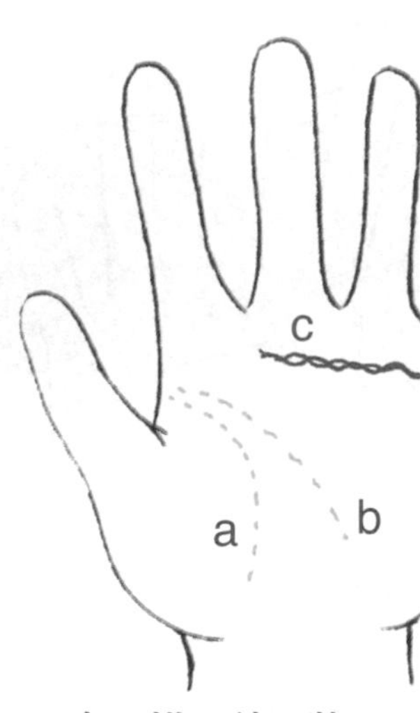

十七、鎖鏈形狀的感情線

鎖鏈形狀的感情線，就是整條感情線為鎖鏈狀，表示對於感情很固執，但是優柔寡斷，不懂該如何表達心意，在追求異性的時候，常讓對方摸不著頭緒，交往過程會有阻礙，感情方面，會有煩惱困擾在心中。

十八、點狀斷續的感情線

點狀斷續的感情線，就是感情線不夠明顯，像虛線般延伸斷續，表示個性很敏感、常喜新厭舊，跟異性的溝通相處有問題，自己顯得不太誠實、開放，讓對方覺得缺乏安全感，會想要放棄彼此的感情，而因此產生許多波折。

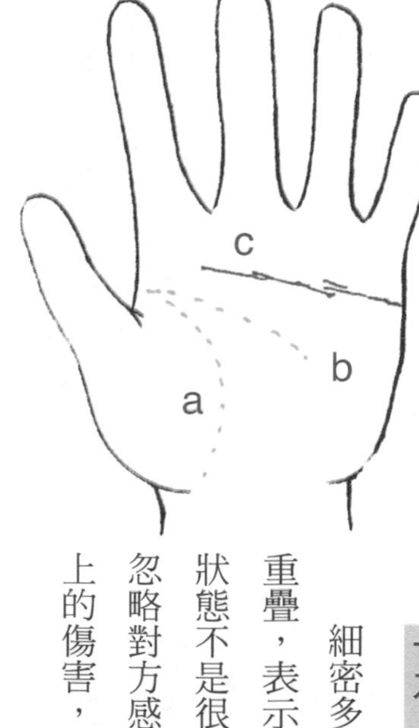

十九、細密多重的感情線

細密多重的感情線，就是感情線細密且多有重疊，表示為人感情豐富，但卻流於濫情，感情狀態不是很穩定，本身對於感情充滿好奇，卻常忽略對方感受，而常有誤會糾紛產生，造成情感上的傷害，影響日後的感情發展。

二十、紋路雜亂的感情線

雜亂紋路的感情線，就是感情線雜亂且交叉相連，表示感情運勢不佳，情路過程坎坷，交往對象都不太理想，造成情感的創傷之外，也有人財兩失的現象，若用情太深，則有情緒化的反應，做出非理性的行為，導致嚴重的後果。

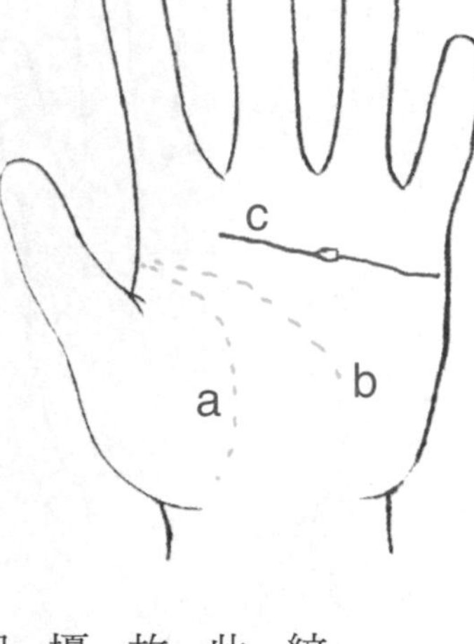

二十一、出現島紋的感情線

出現島紋的感情線，就是感情線上有島紋出現，表示跟親戚、好友的關係緊張，彼此很少有互動，感情方面，容易中途發生變故，使得感情無法繼續，或者有其他因素阻擾，使得彼此不能結合，呈現拖磨停滯的情況。

二十二、出現星紋的感情線

出現星紋的感情線，就是感情線有星紋或十字紋出現，表示感情早熟、很早戀愛，但若馬上論及婚嫁，婚姻多半不幸福，容易出現波折，若感情線沒有中斷的話，只要願意放下、不執著，還可以度過情關困擾。

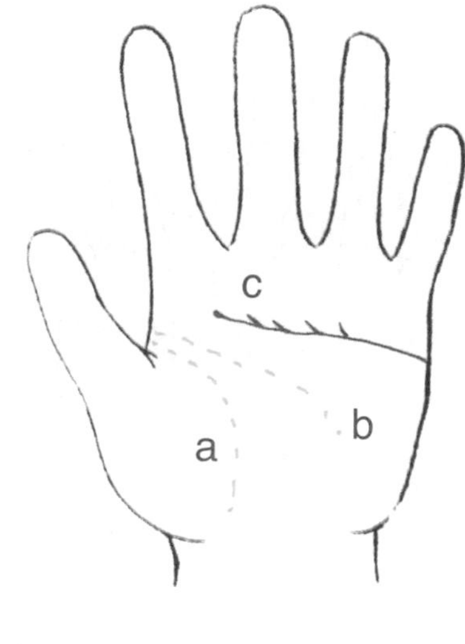

二十三、起點分支的感情線

起點分支的感情線，就是在小指下方的感情線，出現掃把形狀的紋路，別名叫做生殖紋，若左、右手都出現的話，表示為人性慾旺盛、生殖力強，對於子女的管教有一套，將來子女會有成就出息。

二十四、細紋朝上的感情線

細紋朝上的感情線，就是感情線上有許多細紋朝上，表示感情的生活豐富，有多采多姿的狀態，很懂得生活享受和情趣，特別會討好取悅異性，經常激起驚奇的火花，跟對方的溝通協調良好，彼此的交往是段良緣。

二十五、上下分支的感情線

上下分支的感情線，就是感情線有上下分支的紋路，表示為人容易神經質、對變化相當敏感，感情上，經常徬徨無助，顯得心靈脆弱，往往找不到好對象交往，挫折失敗的情況多，應該要耐心等待機緣，不要一直強求感情。

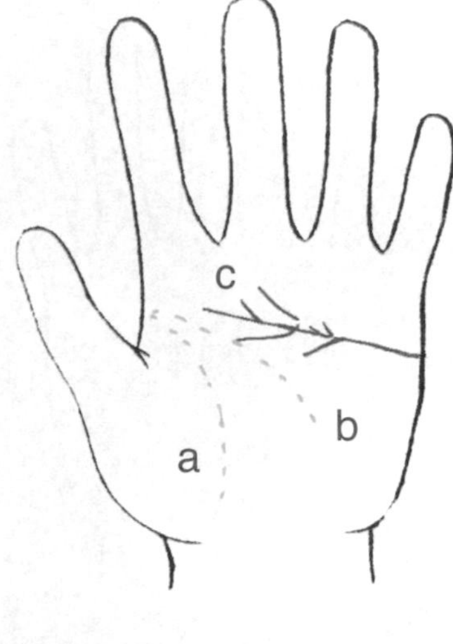

肆、羅曼蒂克、充滿想像的副感情線（金星帶）

副感情線別名叫做金星帶、性感帶、情色帶、愛情帶、維納斯帶，位置在感情線上方，由食指跟中指之間的縫隙，向無名指或小指方向延伸，形成弧狀的紋路，叫做金星帶。金星帶表示人的感受能力、對環境敏感的程度、審美觀念與藝術品味，或是情緒方面的反應，特別是對於異性的欣賞，會產生強烈的作用，會渴望跟異性接觸、彼此溝通及互動，藉此獲得異性青睞，或是對於異性的性幻想。

若金星帶形狀良好，沒有太長、太多、破裂、雜亂的話，那麼表示感情方面會比較穩定，會夢想與實際兼顧，對異性能夠接納包容，並且有不錯的互動，特別是追求方式，會顯得浪漫溫馨，讓對方覺得非常的窩心，會願意大方接受心意，就算發生問題的話，也會用適合的手段處理，讓事情能圓滿落幕，若金星帶不良的話，為人容易過度敏感，比較衝動情緒化，常常因此得罪他人，特別是跟異性的相處，會產生隔閡與代溝，彼此無法順利交往，感情通常會想像得多，採取實際行動得少，就算有伴侶的話，也容易爭風吃醋。

肆、副感情線（金星帶）

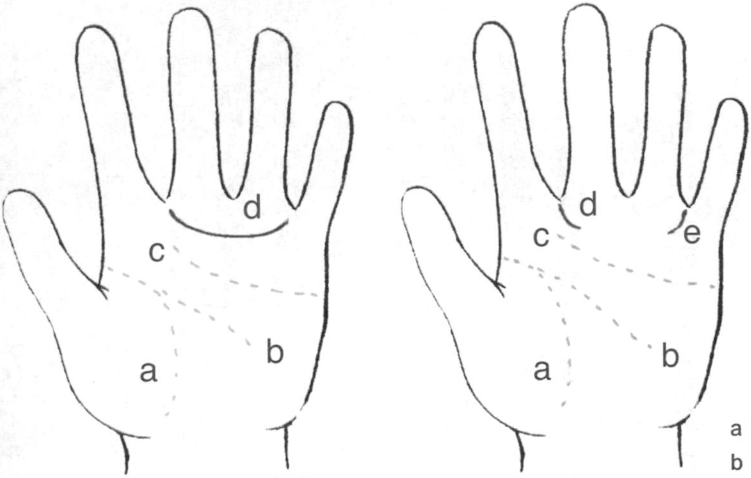

a：生命線
b：理智線
c：感情線
d：副感情線

一、金星帶、才藝紋

副感情線的別名叫做金星紋，或者是才藝紋，通常位於感情線上方，在食指跟小指之間，呈現出圓弧的形狀，反映出個人的心思細密，也代表慾望的多寡，為人通常多才多藝、能言善道，多半從事富創意性的工作。

二、半圓弧狀的副感情線

半圓弧狀的副感情線，表示腦筋清晰、智商頗高，有相當的天分，所以學習能力特別強，對於很多事物都很有興趣研究，而且成果還滿豐碩的，若能從事文字或藝術方面的創作，將會有驚人的成就與地位。

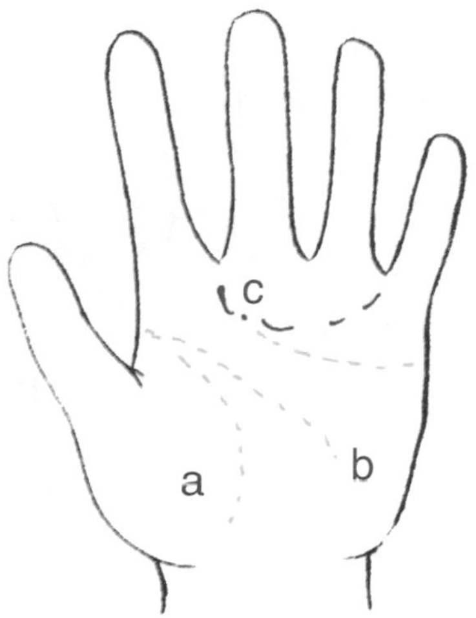

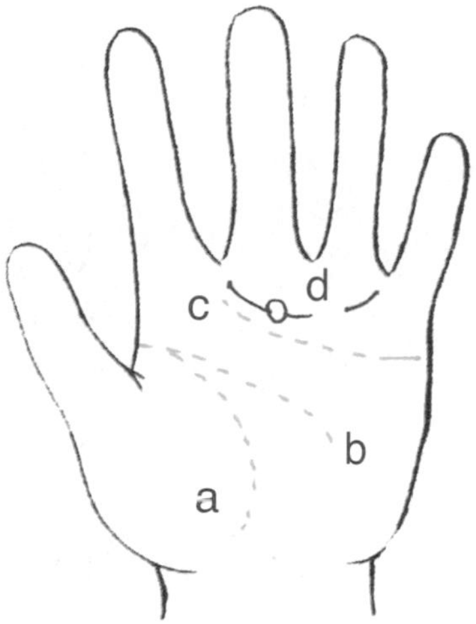

三、斷斷續續的副感情線

斷斷續續的副感情線，表示為人喜好幻想事物，行事不切實際，生活容易奢侈糜爛，對於物質特別嚮往，在感情方面，由於多才多藝，能夠吸引異性青睞，但顯得花心、好色，因此交往對象都不長久，經常更換身邊伴侶。

四、出現島紋的副感情線

出現島紋的副感情線，表示想像、創意十足，心思非常多元，常常會有不錯的點子、主意，能夠獲得他人的欣賞與肯定，但個人的喜惡分明，容易有情緒化的反應，人際關係上會有衝突摩擦出現，必須要自我節制改善才行。

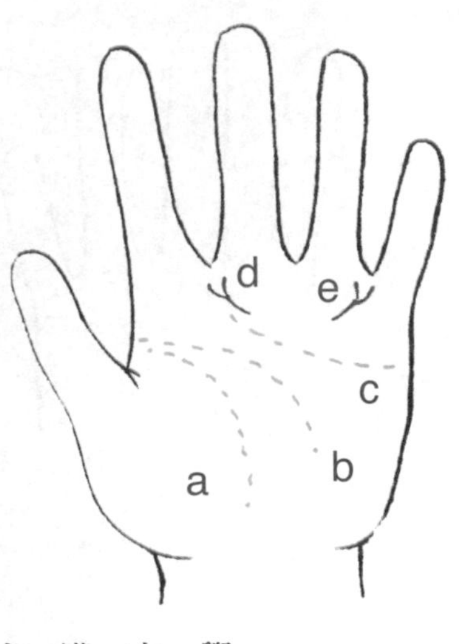

五、多重紋路的副感情線

多重紋路的副感情線，表示為人聰明機智，反應相當靈敏，很有鑑賞的眼光，會追求美的事物，有完美主義的傾向，感情方面，剛開始會對異性好奇，但久了會冷淡疏遠，讓人摸不著頭緒，很重視個人隱私，對肉慾有特殊的需求。

六、有三角紋的副感情線

有三角紋的副感情線，表示為人聰明好學，喜歡吸收新知，很有創作的天分，可以朝文學藝術領域發展，但感情方面，由於不善於溝通表達，通常來得快去得也快，往往會將個人情感給昇華，表現成藝術作品來抒發心情。

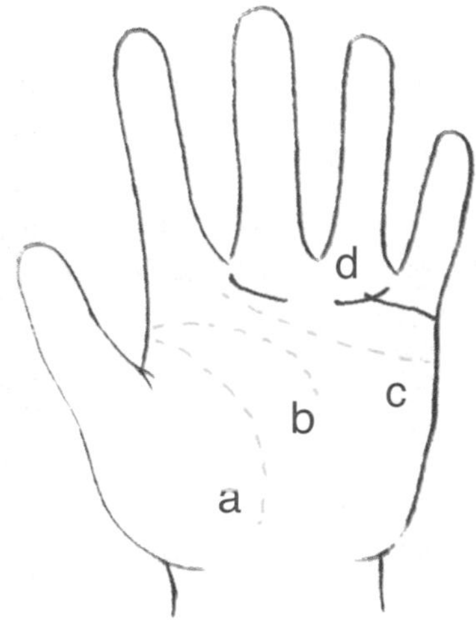

七、彎彎曲曲的副感情線

彎彎曲曲的副感情線，呈現出波浪的形狀，表示為人缺乏主見、意志力薄弱，很容易受到慫恿影響，而做出錯誤的判斷，特別是在感情方面，過程會相當坎坷不順，無法分辨他人的真心假意，而有吃虧上當的可能。

八、接婚姻線的副感情線

接婚姻線的副感情線，就是金星帶跟婚姻線相連，表示個人是非糾紛多、容易招惹官司訴訟，在感情方面，會有痛苦的經驗，會遭到對方說謊欺騙，而被對方拋棄甩掉，造成嚴重的陰影創傷，會有晚婚的傾向。

伍、逆流而上、鯉魚躍龍門的事業線

事業線別名叫做命運線、幸運線、玉柱線、庚儀線，通常會有多種的變化型態，不過只要紋路是由手腕、掌心附近，或太陰丘位置，向上延伸的直線（指向土星丘），都可以叫做事業線。

事業線代表人的事業運勢，通常跟精神意志有關係，可以看出個人的企圖心，領導管理的能力，主觀意識的強弱，周遭環境的情況，遇到貴人的機會，對挫折失敗的反省，學習知識的態度。

事業線並不一定表示事業的好壞，而有另一種解釋說法，事業線可以看出努力向上的情況，沒有事業線的人，不等於沒有事業，或是事業不順利，而是比較沒有花心思在這方面，或是周遭情況很順利，沒有什麼特別的阻礙，所以才沒有事業線的出現，有事業線的話，可以說是比較重視工作，或者常遇到難題要解決，因此會有事業線的紋路出現。良好的事業線，會具有加分的效果，說明自已努力奮鬥，爭取優秀的成績，做事情會比較有毅力，非達到目地不可的決心，也比較多貴人提拔，被賞識的機會就多，升遷發財將不是問題，會越來越樂觀積極，而不良的事業線，會帶來負面的影響，周遭環境會阻礙重重，自己無法一展長才，有懷才不遇的感嘆，容易被外界影響，做事情半途而廢，失敗挫折的機會就多，意志就會變得消沉，而顯得一蹶不振。

伍、事業線

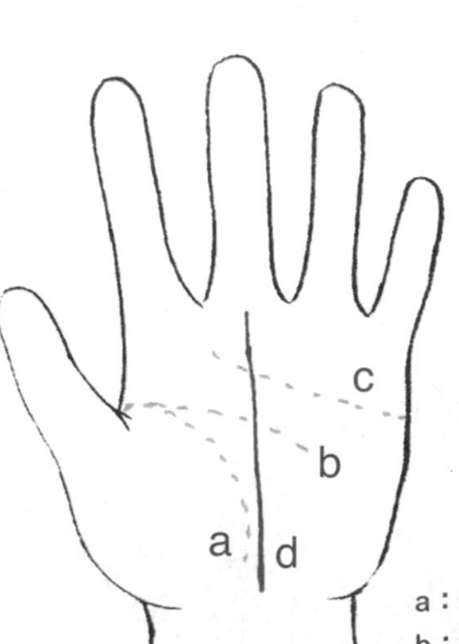

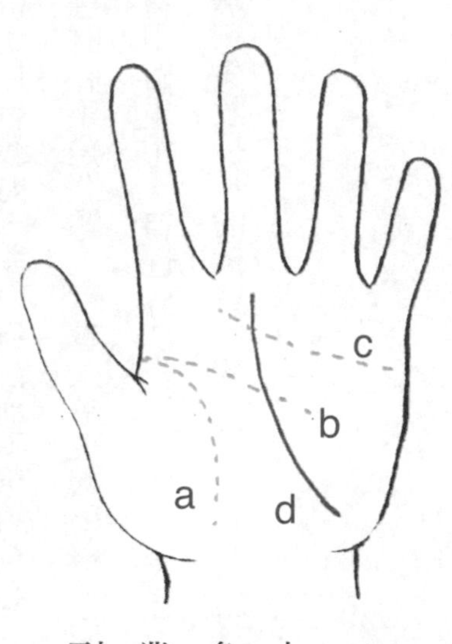

a：生命線
b：理智線
c：感情線
d：事業線

一、深長而明顯的事業線

深長而明顯的事業線，就是從掌心下方延伸，朝上貫穿至中指的下方，表示為人企圖心強烈，充滿幹勁活力，對事情有清晰的規畫，能夠掌握情況的發展，很適合自行創業，多半能闖出一片天地，享受權勢與富貴。

二、從月丘朝上的事業線

從月丘朝上的事業線，就是由手掌旁邊向上延伸，表示頭腦優秀、創造力佳，能夠學習多樣才華，並且實際運用發揮，可自行投資創業，或是成為企畫人才，人際關係上，能夠得到幫助而成功，多半是女性的貴人。

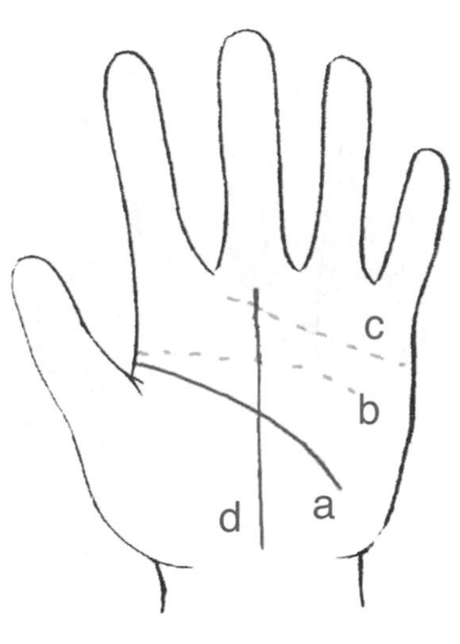

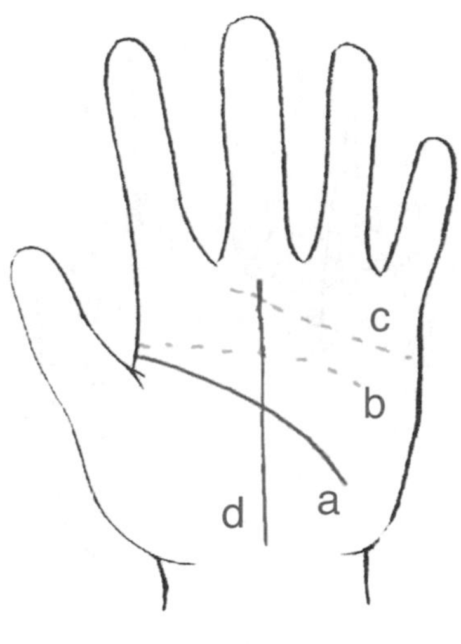

三、生命線尾端的事業線

生命線尾端的事業線，就是和生命線尾端連接，然後向上延伸，表示刻苦耐勞、勤勞實做，不怕遭遇任何困難，會咬緊牙關撐過，是屬於白手起家的類型，適合擔任領導管理的職務，只要勤奮努力工作，通常能夠功成名就。

四、穿越生命線的事業線

穿越生命線的事業線，就是貫穿生命線而向上延伸，表示家庭背景不理想，受到的栽培有限，必須很早學習獨立，凡事靠自己努力，人際關係上，對家人非常照顧，若事業成功的話，通常會懂得回饋報答。

五、智慧線延伸的事業線

智慧線延伸的事業線，就是在智慧線的中間，向上延伸的支線，表示早年環境辛苦，個人發展有限，歷經的痛苦磨難較多，但能培養出能力，中年以後，運勢漸入佳境，得到貴人幫助，能夠自行創業，而開展一片天地。

六、止於智慧線的事業線

止於智慧線的事業線，就是頂端延伸到智慧線卻沒有貫穿，表示原本具有天賦、聰明靈敏，展現的企圖心很強，能夠有優秀的表現，但是後來卻遇到阻礙，而沒辦法再突破，決策很容易判斷錯誤，而失去翻身的機會。

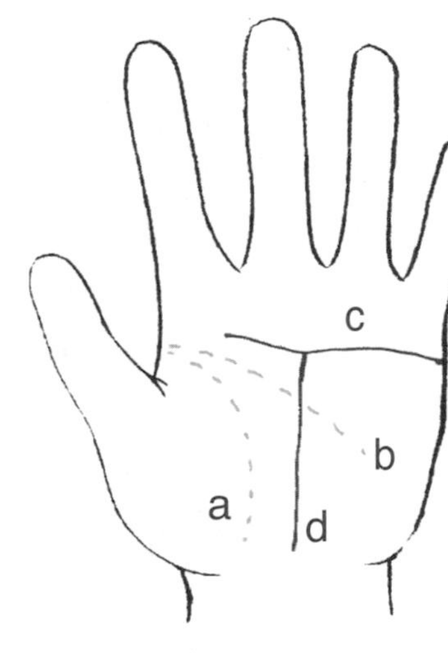

七、止於感情線的事業線

止於感情線的事業線，就是頂端延伸到感情線卻沒有貫穿，表示事業運勢受到阻礙，多半是感情方面的問題，不然就是桃色糾紛，因此要節制個人情慾，慎選交往的對象，若能好好利用配合，配偶跟異性反倒有助於事業的開展。

八、感情線延伸的事業線

感情線延伸的事業線，就是由感情線中間，向上延伸的支線，表示早年辛苦奔波，但卻一事無成，到處去求助都碰壁，有懷才不遇的感嘆，過了中晚年，人生的閱歷較深，能遇到貴人賞識，事業能順利開創第二春。

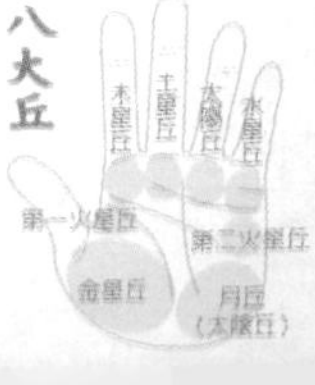

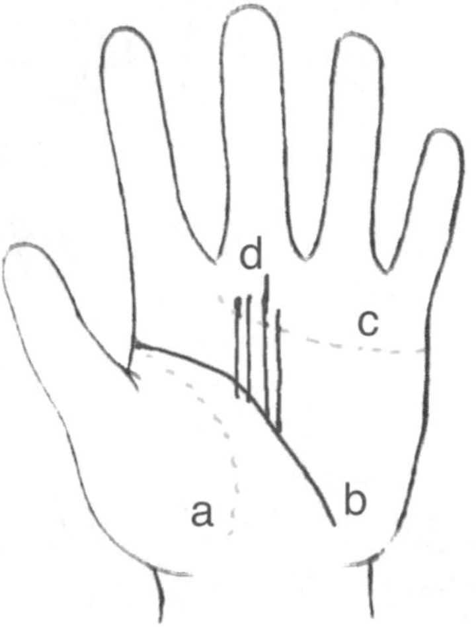

九、生命線向上的事業線

生命線向上的事業線，就是由生命線向上延伸，而有眾多支線，表示為人富理想性，但行動卻不切實際，流於幻想空談，缺乏腳踏實地，事業不容易成功，不適合固定呆板的行業，會經常變換工作，而無法安定下來。

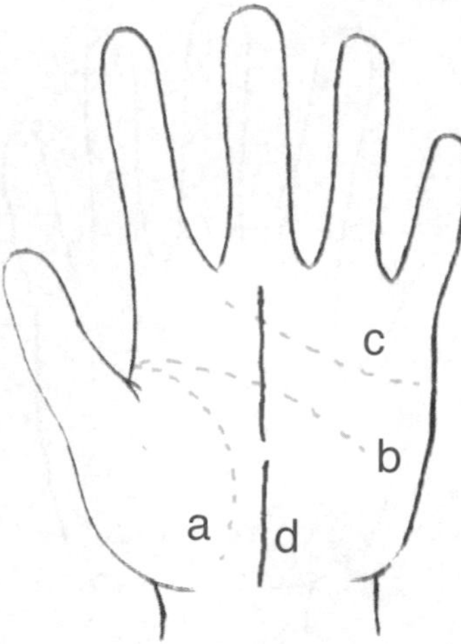

十、有出現間斷的事業線

有出現間斷的事業線，就是事業線的中間間斷，而出現了缺口，表示年輕時懷抱夢想，勇敢的去追逐，剛開始過程都很順利，沒有遇到什麼挫折，但中年時，突然發生變故，影響事業的發展，應該要冷靜面對，沉潛之後再出發。

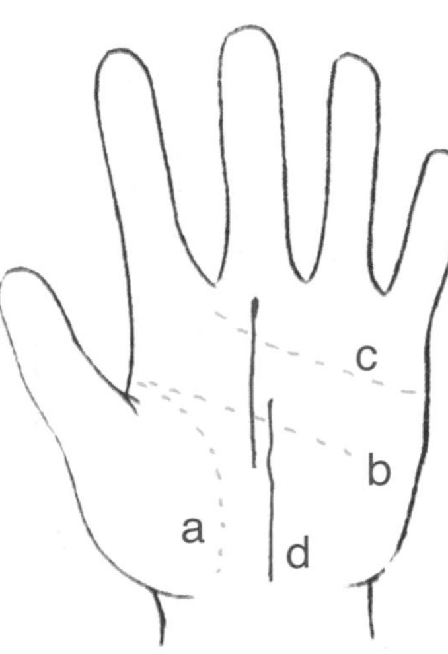

十一、間斷有輔線的事業線

間斷有輔線的事業線，就是事業線有中斷，但旁邊有直線繼續向上延伸，表示原本安穩的情況，發生劇烈的改變，事業面臨瓶頸，一時之間無法突破，但若能謹慎仔細、妥善處理的話，就能夠扭轉乾坤，而出現新的契機。

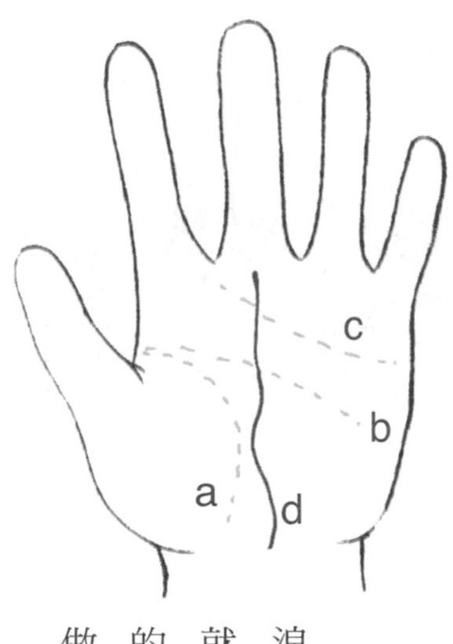

十二、彎曲似蛇行的事業線

彎曲似蛇行的事業線，就是事業線呈現波浪的形狀，表示常有投機的心態，行事不按部就班，導致事業的基礎不穩固，加上貪圖眼前的利益，凡事不瞻前顧後，經常考慮不周全，做出錯誤的決策，而慘遭嚴重的損失。

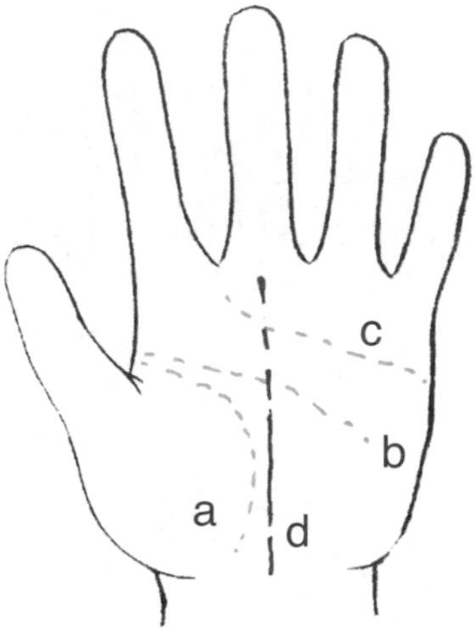

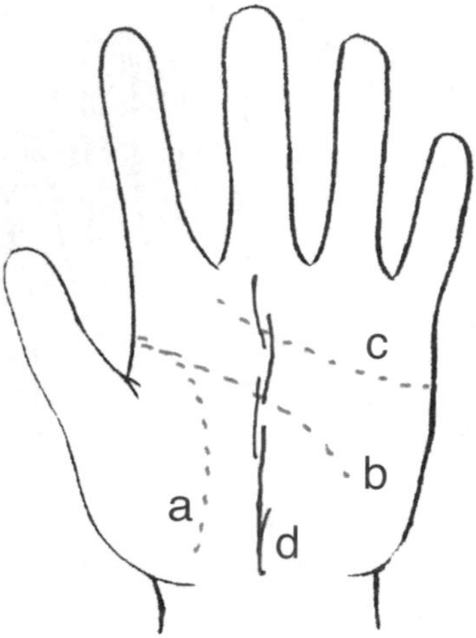

十三、呈點狀間斷的事業線

呈點狀間斷的事業線，就是像點一樣分佈，若有似無的線條，表示為人三心二意，常拿不定主意，做事情經常半途而廢，沒辦法獲得他人信賴，升遷上會有困難，若無法改善虎頭蛇尾的情況，事業運勢將起伏不定。

十四、呈線狀間斷的事業線

呈線狀間斷的事業線，就是斷斷續續、不連接的線條，表示為人懶散、被動，缺乏上進心態，很容易受外在因素影響，而無法專心投入工作，常常遭受主管責罵，但總是敷衍了事，不思檢討反省，三不五時就更換工作。

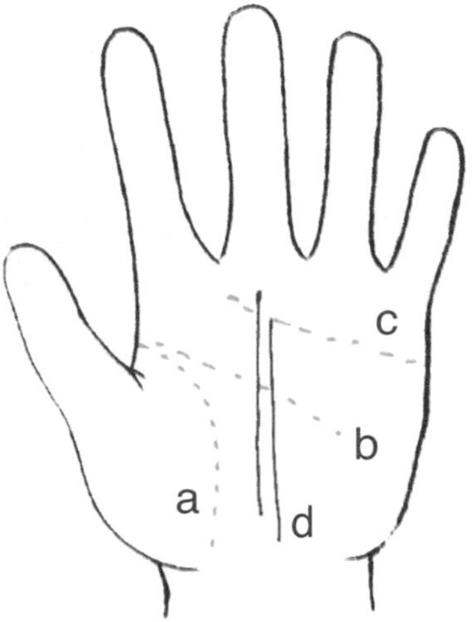

十五、雙重又平行的事業線

雙重又平行的事業線，就是有兩條事業線同時向上延伸，表示人際關係良好，能得到貴人幫助，事業的進展迅速，比預期中的理想，很適合擔任領導地位，能夠有優秀的部屬，除了正業之外，也可以考慮經營副業，將有不錯的收益。

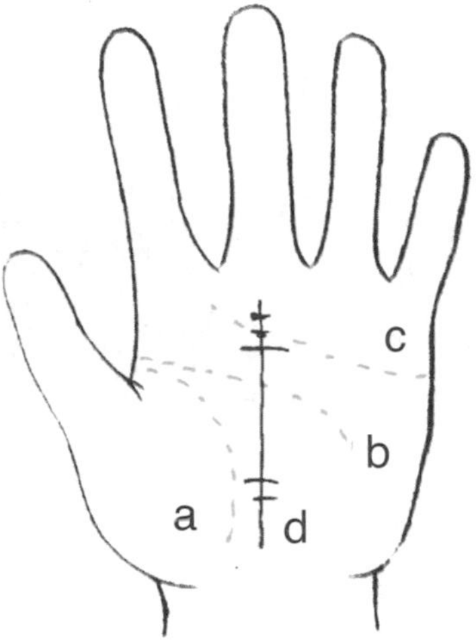

十六、數條橫紋的事業線

數條橫紋的事業線，就是事業線上有雜亂橫紋，表示事業原本順利進展，但中途卻遇到阻礙，而面臨逆境的挑戰，若橫紋出現在中段，表示中年事業出現危機，若是橫紋出現在尾段，表示晚年事業出現危機，而且難以翻身再起。

十七、中指下方分岔的事業線

中指下方分岔的事業線，就是事業線在中指下方分岔，表示事業發展有變動的情況，而且都是良好正面的，很可能是找到新的出路，有轉業經營的可能，或是有兼副業的現象，不然舊的行業有新契機，突破原有的窘境。

十八、左右都有分岔的事業線

左右都有分岔的事業線，就是左右的支線往上延伸，表示事業相當有進展，能夠不停持續的擴大，可以得到支持，或遇到好機緣，讓事業飛黃騰達，也代表中年以後，事業有多元化經營的現象，從改革中獲得新面貌。

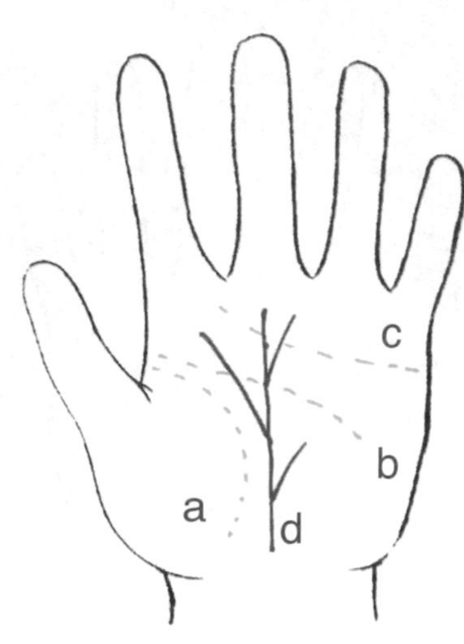

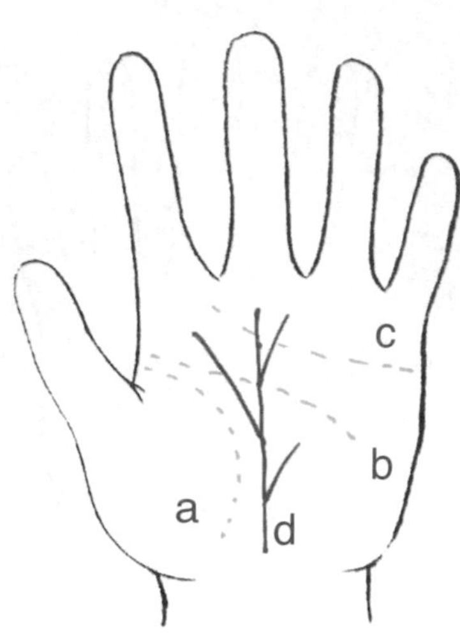
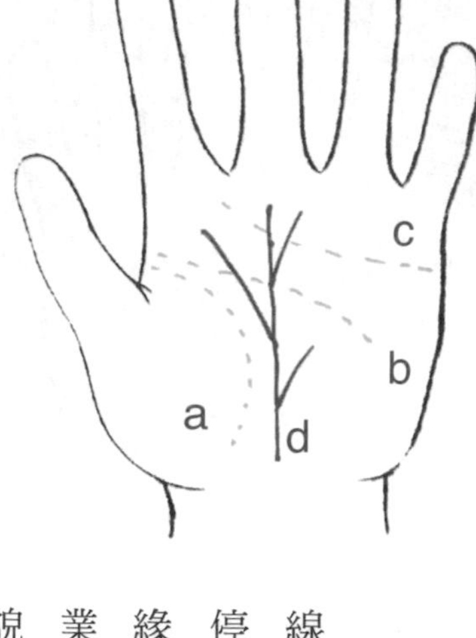

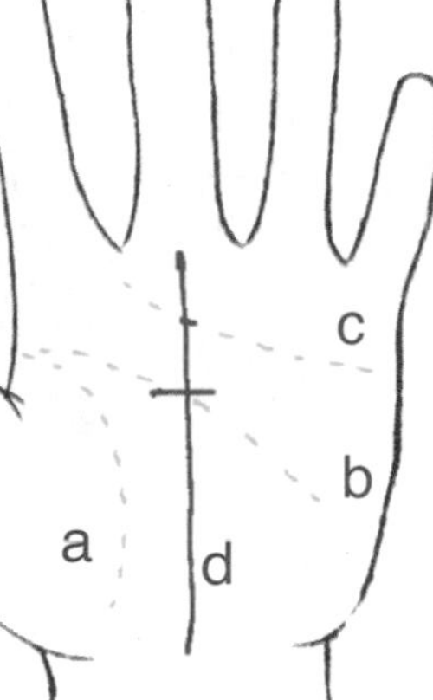

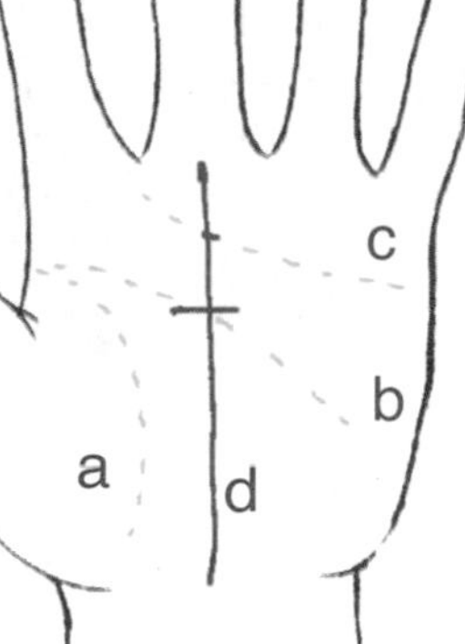

十九、掌心分岔向下的事業線

掌心分岔向下的事業線，就是兩條支線變成一條主線，表示為人興趣很廣泛，但容易三心二意，遇到事情難以決擇，會有拖延停滯的情況，事業上，最好從事有興趣的相關行業，會替自己帶來實質利益。

二十、橫紋劃過的事業線

橫紋劃過的事業線，就是事業線有短線橫紋劃過，表示原本推動的計畫方案，中途遇到挫折阻礙，情況顯得十分膠著，不知道該如何處理，但只要沉著應對，涵養自己的實力，等待時機的到來，自然就能突破困境。

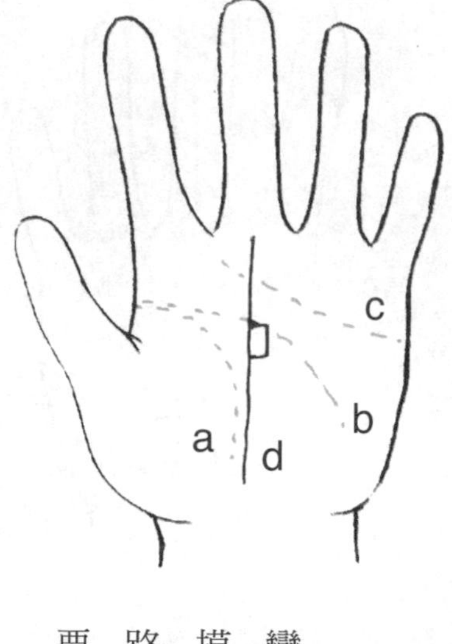

二十一、出現島紋的事業線

出現島紋的事業線，表示工作進行得不順利，過程遇到許多阻礙，進度有落後的趨勢，自己顯得心煩意亂，必須要花費相當的心思，重新調整計畫方向，才能夠讓問題圓滿解決，恢復原有的時間進度。

二十二、有方格紋的事業線

有方格紋的事業線，表示運勢有所轉變，事業方面陷入低潮當中，必須花費時間摸索，等到熟練了之後，自然就能找到出路，突破改善眼前的困境，這也表示，為人要不斷努力進步，才能獲得豐碩的成果。

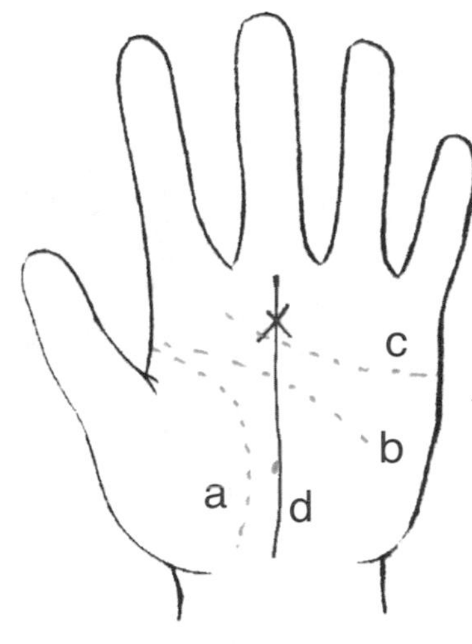

二十三、有十字紋的事業線

有十字紋的事業線，就是事業線有十字紋或斑點，表示事業會遇到問題，導致失敗的局面，多半是金錢的借貸出了問題，被他人給牽連拖累，會有沮喪難過的情況，而不願意繼續奮鬥，最好要冷靜思考，重新振作才行。

陸、心想事成、富貴靠人和的太陽線

太陽線別名叫做運勢線、藝術線、成功線、光輝線、功名線、已儀線、阿波羅線，通常會有多種的變化型態，由掌中往太陽丘延伸的直線，都可以叫做太陽線。

太陽線可以表示人的地位與名聲，或是人際關係，看出為人的交際手腕、信用承諾，或是外在環境的影響，或是個人對於文學、藝術的品味，或是對於財富的運用，不單單指有形資產的處理，也是無形資產的經營本領。

優秀的太陽線，清晰、深明、連續、顏色紅潤、沒有雜紋，表示人際關係十分廣闊，能獲得許多朋友幫助，因此凡事進行得很順利，很少遇到阻礙的機會，做什麼就能夠像什麼，無論是企業家、藝術家，或是權威人士，都可以享有崇高的地位與名聲，伴隨著優渥的財富，而不良的太陽線，短淺、模糊、破碎、黯淡灰黑、出現雜紋，表示容易自尋煩惱，心胸不夠開闊，凡事斤斤計較，與他人過不去，因此無法獲得肯定支持，做事情勞心勞力、事倍功半，對於金錢的運用，也不善於投資理財，有耗損流失的現象。

陸、太陽線

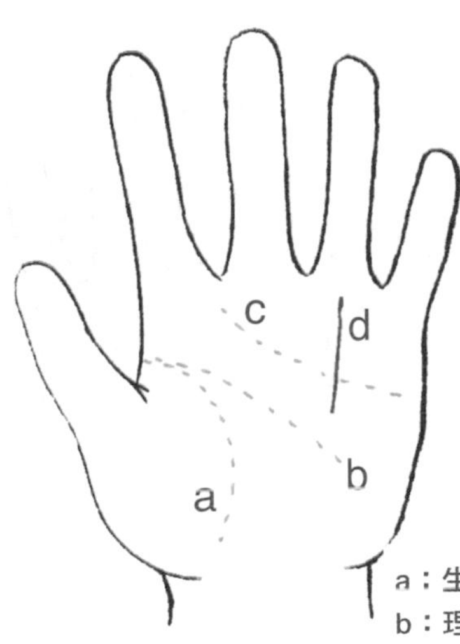

a：生命線
b：理智線
c：感情線
d：太陽線

一、筆直清晰的太陽線

筆直清晰的太陽線，就是出現在無名指下方的線，表示為人多才多藝、學習廣泛，善於人際關係的協調，口才也十分伶俐，在團體當中屬於領導地位，行動顯得十分的活躍，事業上能夠聚集群眾，而開創一片的天地。

二、出現中斷的太陽線

出現中斷的太陽線，表示年輕的時候，發展進行得很順利，但是到了某個時期，會遭遇到困難阻礙，一切顯得停滯不前，特別是跟權力有關的部分，很可能會被他人取代替換，必須要忍耐等待，才能有東山再起的一天。

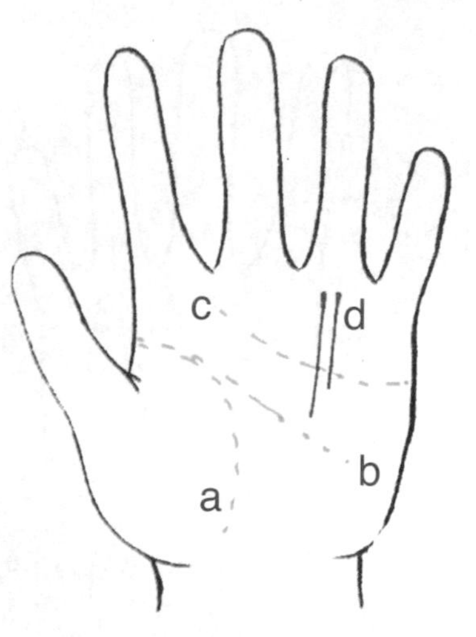

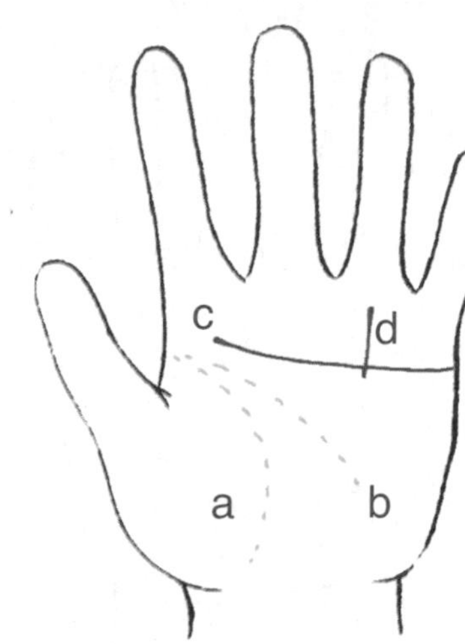

三、感情線上的太陽線

感情線上的太陽線，就是由感情線上發展延伸的太陽線，表示為人在事業方面，刻苦耐勞、辛勤耕耘，早年顯得默默無聞，沒有什麼驚人之舉，一直到中晚年才出人頭地，能享受功名利祿的成果，擁有一定的社會地位。

四、雙重平行的太陽線

雙重平行的太陽線，就是旁邊有支線輔佐，表示為人興趣廣泛、才華突出，出外能結交許多朋友，事業上，除了原本行業之外，通常還會經營副業，而且頗有聲勢，跟本行能相互輝映，是個成功的經營人才。

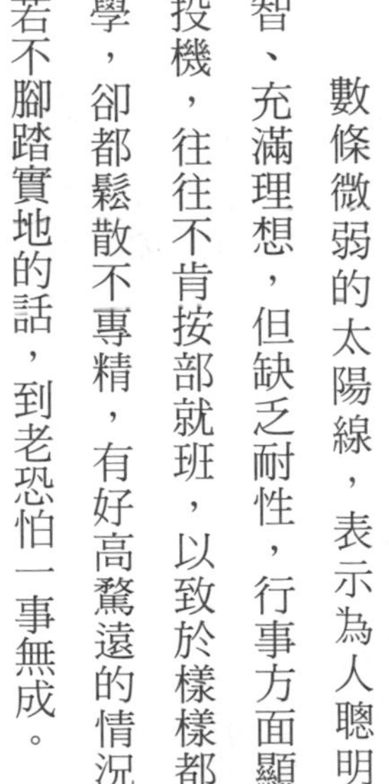

五、數條微弱的太陽線

數條微弱的太陽線，表示為人聰明機智、充滿理想，但缺乏耐性，行事方面顯得投機，往往不肯按部就班，以致於樣樣都想學，卻都鬆散不專精，有好高騖遠的情況，若不腳踏實地的話，到老恐怕一事無成。

六、出現島紋的太陽線

出現島紋的太陽線，表示運勢逐漸發展，中途卻受到阻礙，很可能讓聲勢忽然下跌，而面臨困頓的處境，大多是因為人情的關係，遭受到他人的牽連拖累，必須要經過許多波折，問題方能有轉機出現。

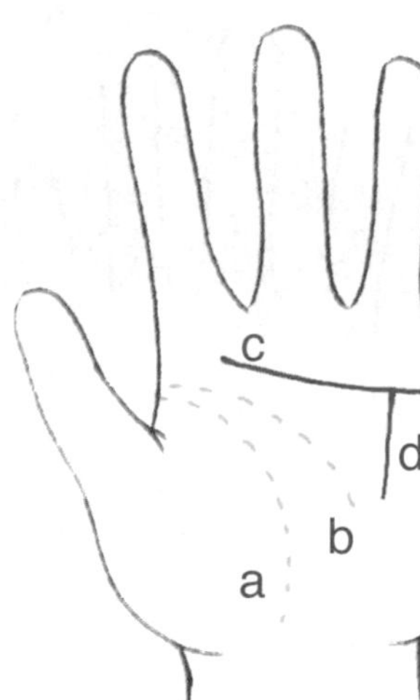

七、止於感情線的太陽線

止於感情線的太陽線，就是尾端碰到感情線，但卻未能貫穿向上，表示早年享有名聲，地位不停上升，但是中晚年後，卻由於人事或環境因素的改變，受到嚴重的波及和打擊，一下子陷入了困境當中，而沒辦法有所突破。

八、尾端分支的太陽線

尾端分支的太陽線，就是尾端有分岔向上的支線，表示為人早期所學一直無法發揮，只能轉作其他行業，但到了中晚年後，由於條件成熟、機緣來到，順利發揮隱藏才華，而獲得他人的賞識，名聲跟地位能提升，為異路功名的類型。

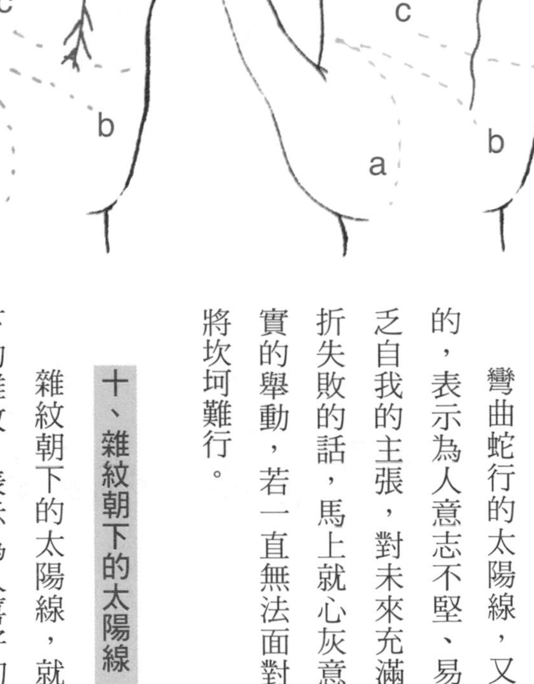

九、彎曲蛇行的太陽線

彎曲蛇行的太陽線，又形狀如水波紋似的，表示為人意志不堅、易受外界影響，缺乏自我的主張，對未來充滿悲觀，若遇到挫折失敗的話，馬上就心灰意冷，會有逃避現實的舉動，若一直無法面對挑戰，人生路途將坎坷難行。

十、雜紋朝下的太陽線

雜紋朝下的太陽線，就是太陽線上有向下的雜紋，表示為人喜好幻想、比較不切實際，對於文學藝術有興趣，適合從事創意的工作，不過在目標上，缺乏專一性，常常什麼都想執行，但往往徒勞無功、白費心機。

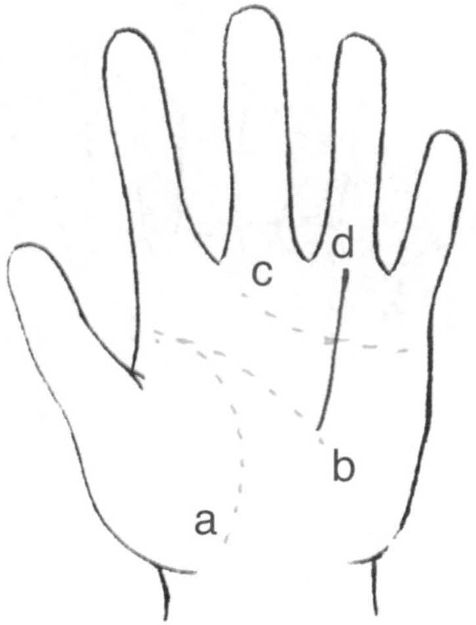

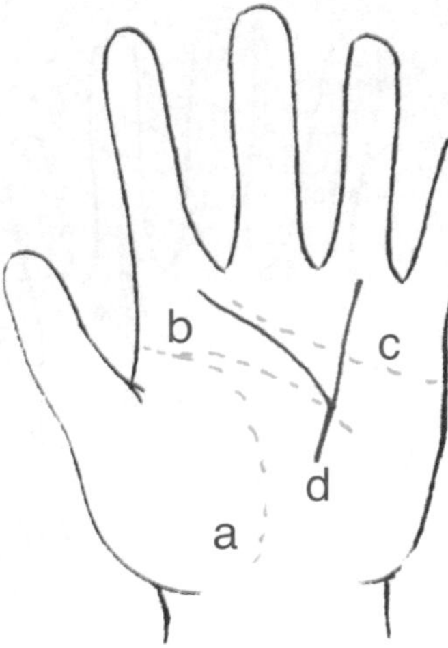

十一、橫紋劃過的太陽線

橫紋劃過的太陽線，表示原本平穩的運勢，忽然受到外力影響，而有了戲劇化的改變，讓人有措手不及的驚愕，必須要獨自面對困境，若能夠放下身段，尋求他人的幫忙，假以時日，就能夠重新振作起來。

十二、延伸食指的太陽線

延伸食指的太陽線，就是太陽線有支線延伸到食指，表示早年辛勤奮鬥、凡事只靠自己，而獨立的創業，但隨著事業蒸蒸日上，人際關係也隨著擴展，能夠藉著順勢來發展，形成多元化的經營，使得聲名能夠遠播。

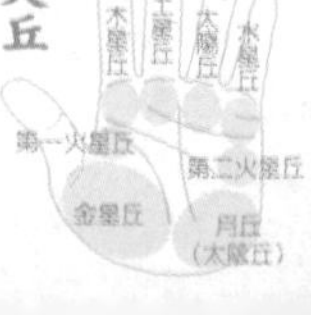

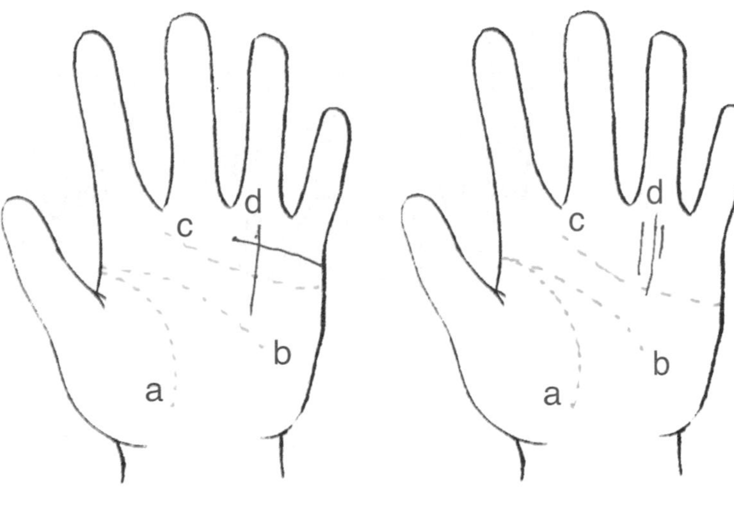

十三、兩旁輔助的太陽線

兩旁輔助的太陽線，就是太陽線左右皆有支線平行，表示為人運勢良好、機緣甚佳，總是會有貴人提拔幫助，事業上，由於勤奮學習知識，只要獲得他人欣賞、認同，就可以展現個人才華，創造出良好的成績。

十四、婚姻線切過的太陽線

婚姻線切過的太陽線，就是太陽線中途被婚姻紋劃過，表示感情方面不理想，容易出現糾紛麻煩，造成自己不必要的困擾，特別是婚姻方面，會有離異的現象，甚至影響到個人的名譽及事業。

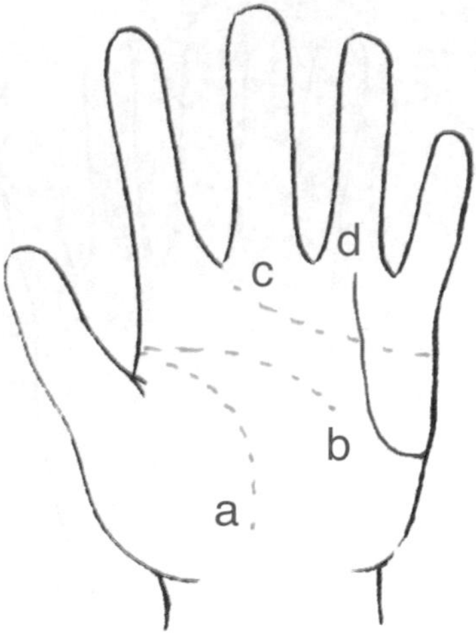

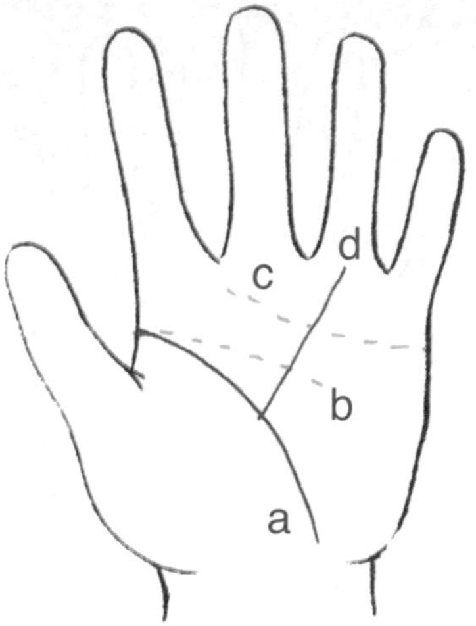

十五、生命線上的太陽線

生命線上的太陽線，就是生命線上延伸出的太陽線，表示為人有文學涵養，懂得藝術欣賞，很適合往學術或藝術的領域專研，通常能獲得不錯的成就，及大家的肯定與支持，享有一定的名聲與地位。

十六、掌邊延伸的太陽線

掌邊延伸的太陽線，就是小指下的掌邊延伸的太陽線，表示人生充滿艱辛坎坷，情況會顯得非常吃力，不過自己都能夠撐下去，是屬於刻苦耐勞的類型，很適合擔任領導階層，能獲得大家的認同。

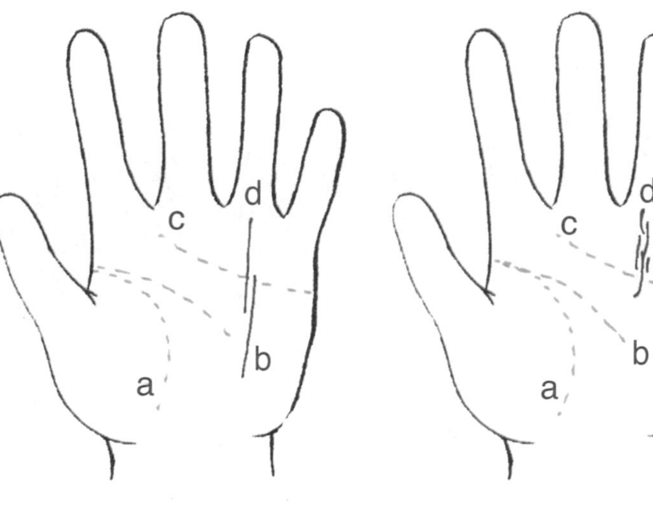

十七、雜亂斷續的太陽線

雜亂斷續的太陽線，就是許多細微斷續的線條，表示人生運勢困頓，經常奔波勞碌，但卻沒有什麼收穫，事業上，由於心思不定、只想趕快賺錢，所以會不停更換工作，無法長久安定，有半途而廢的現象，距離成功之路非常遙遠。

十八、中斷平行的太陽線

中斷平行的太陽線，就是太陽線雖然中斷，但旁邊出現支線向上，表示曾經遭遇過重大的打擊，而有失敗挫折的情況，但憑著堅強的意志力，卻能夠記取教訓，重新振作起來，讓事業東山再起，獲得眾望所歸。

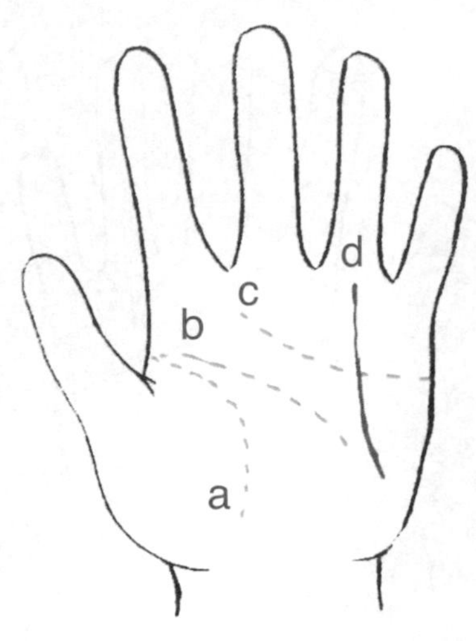

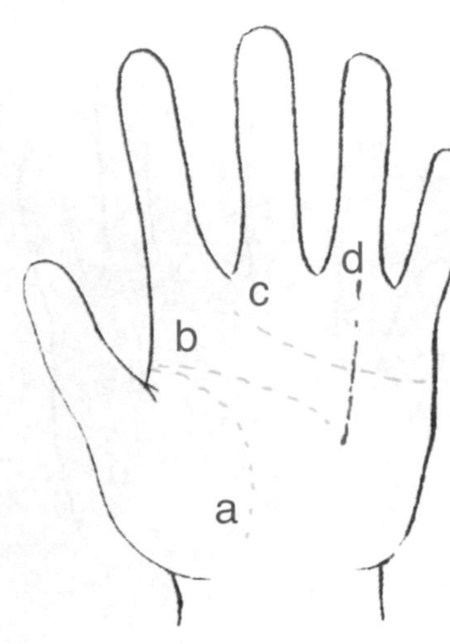

十九、虛線細微的太陽線

虛線細微的太陽線，就是斷斷續續不明顯的虛線，表示為人好高騖遠、不切實際，凡事不肯腳踏實地、按部就班去執行，以致於投機取巧，基礎不是很紮實，很容易遭受到失敗，人生路途空有虛名，而沒有實際作為。

二十、月丘上升的太陽線

月丘上升的太陽線，就是由月丘往上延伸的太陽線，表示學習眾多才華，能力相當出眾，能夠獲得大多數人的認同，而名聲十分的響亮，如果能朝文學或藝術發展，那前途無可限量，可以有不錯的成就。

柒、五福臨門、經營靠用心的財運線

財運線別名叫做水星線、戊儀線、小指丘線，通常在水星丘的位置，是向上延伸的直線，都可以叫做財運線。

財運線代表人的財富運勢，也象徵著口才機智、應對進退的能力，以及學習技藝的才華能力，爭取表現的機會多寡，對於金錢的管理能力，以及運用的態度。

財運線的出現不一定真的有錢，必須要參考相關的紋路，才能獲得正確的判斷，良好的財運線，清晰、深明、連續、顏色紅潤、沒有雜紋、角度適中，表示腦筋優秀、才華出眾，是個不錯的企業人才，做生意很有一套，談判溝通無往不利，可以賺進許多財富，並且做好妥善的運用，但態度會比較驕傲，有時容易招惹是非，要謙虛收斂才好，反之，不良的財運線，短淺、模糊、破碎、黯淡灰黑、出現雜紋、角度傾斜，個性會比較急躁，很容易出口傷人，雖然有時沒有惡意，但卻讓對方很討厭，而失去商量的機會，努力將付諸流水，對於財富不在乎，開銷經常透支，會有負債的可能。

柒、財運線

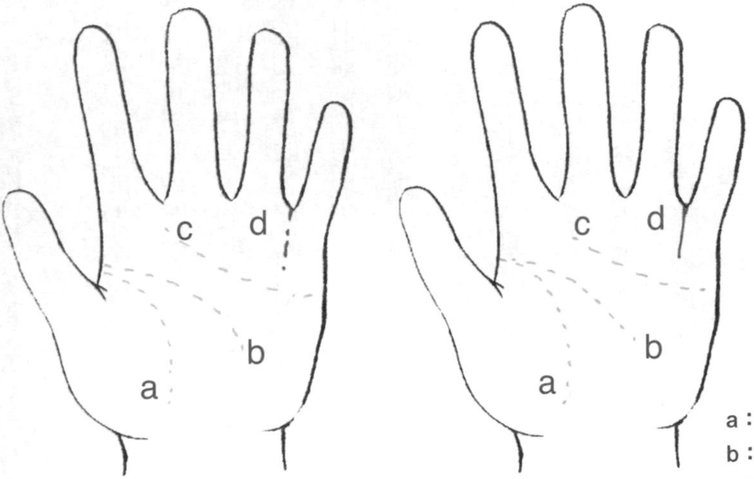

a：生命線
b：理智線
c：感情線
d：財運線

一、筆直清晰的財運線

筆直清晰的財運線，位於小指跟無名指的中間下方，表示個人的財運良好，有穩固的基礎，投資理財有一套，能夠抓準時機趨勢，而有獲利的可能，在事業上，由於本身信用不錯，會有貴人出現幫助，週轉不會有問題。

二、微弱點狀的財運線

微弱點狀的財運線，就是斷斷續續且不清晰的紋路，表示財運不太理想，起伏很大，要特別注意金錢的借貸往來，才不容易發生問題，事業上，多半是從事自由業，或是工作時間彈性，但收入不固定的行業。

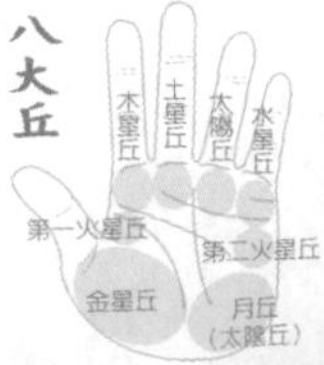

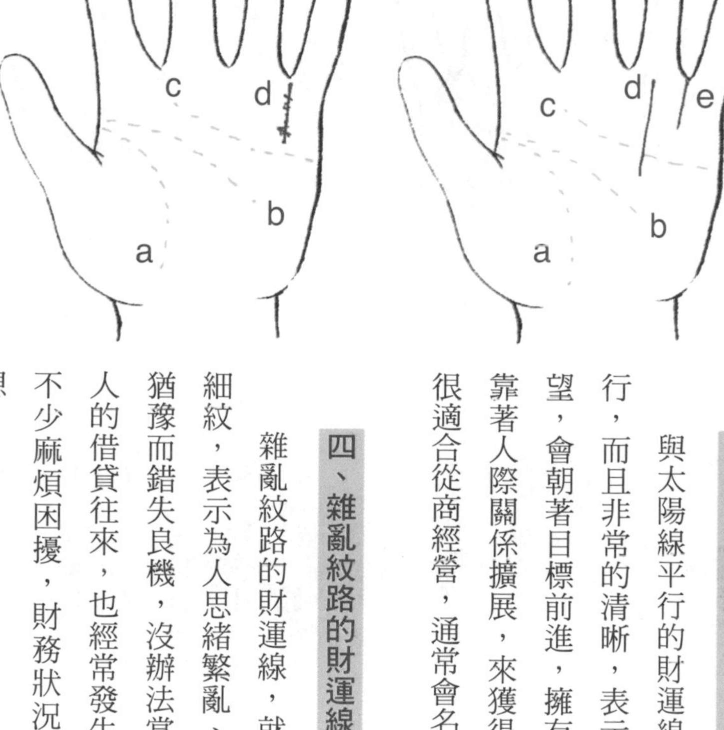

三、與太陽線平行的財運線

與太陽線平行的財運線，就是兩條紋路平行，而且非常的清晰，表示善於領導、頗有聲望，會朝著目標前進，擁有決心要達成，能夠靠著人際關係擴展，來獲得賺錢致富的機會，很適合從商經營，通常會名利雙收。

四、雜亂紋路的財運線

雜亂紋路的財運線，就是充滿許多分支的細紋，表示為人思緒繁亂、難以決策，常因為猶豫而錯失良機，沒辦法掌握致富關鍵，跟別人的借貸往來，也經常發生問題糾紛，而增加不少麻煩困擾，財務狀況吃緊，顯得不太理想。

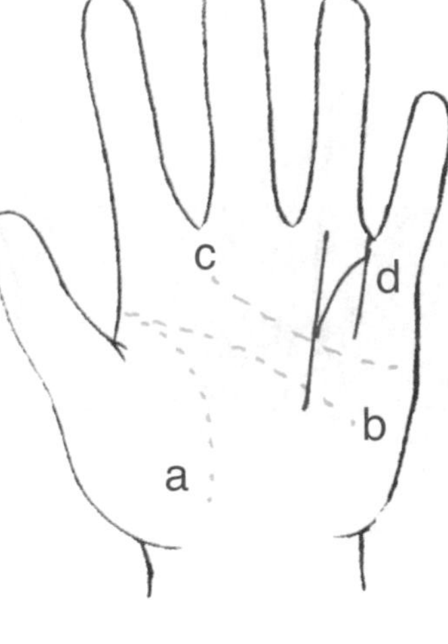

五、接太陽線的財運線

接太陽線的財運線，就是跟太陽線的支線相連，表示本身的財運不錯，常常有意外偏財，或是獲得有利的資訊，而有掌握賺錢的機會，事業上，由於腦筋動得快，很適合經營正副業，通常會順利進行，收入將會很可觀。

六、橫紋劃過的財運線

橫紋劃過的財運線，就是橫紋切過太陽線跟財運線，表示為人容易招搖，出外容易惹禍，行為舉止要節制檢點，否則會被名聲給拖累，財運上，要注意小人的覬覦，錢財盡量不要露白，免得麻煩找上門。

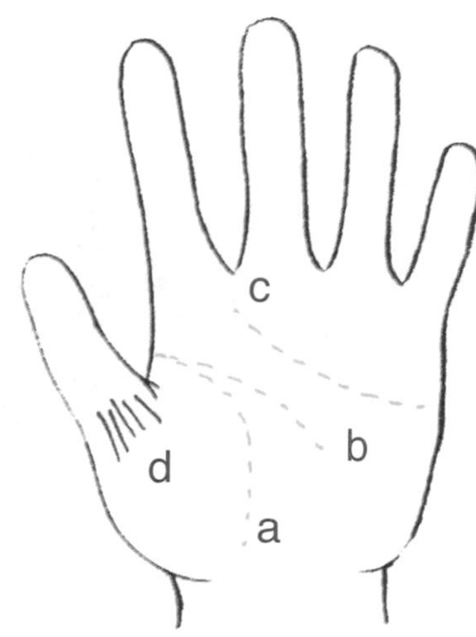

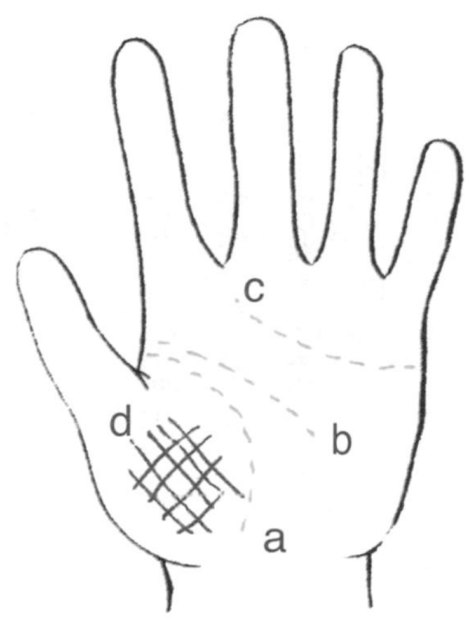

七、拇指根部的財運線

拇指根部的財運線，就是有許多直紋聚集出現，表示做事勤奮、腳踏實地，會開創自己的事業，加上能貫徹個人意志，達到致富的目的，財運上，會妥善運用投資理財，多半有置產的傾向，生活優渥無缺。

八、金星丘上的財運線

金星丘上的財運線，就是出現直橫紋交錯，形成井字一樣的形狀，別名叫做德性紋，表示先天福報、家境優渥，能夠享受物質生活，加上善於應對進退，人際關係良好，能獲得眾人回報支持，財產能夠日益增加。

捌、前世修來、緣分天註定的婚姻線

婚姻線別名叫做戀愛線、結合線、家風紋，位置在感情線上方，由手掌邊平行延伸，有可能一條或很多條，但也不一定有，有的話就叫做婚姻線。

婚姻線象徵人生的婚姻大事，對於男女戀愛的觀念，或戀愛過程的情況，以及性功能方面的表現，可以看出戀愛的方式、結婚的時間、夫妻性生活如何、夫妻相處的溝通狀況、會不會有第三者介入，或外遇婚外情的情形。

良好的婚姻線，就是特別明顯深長、顏色紅潤的紋路，表示身體健康，生殖系統正常，性功能非常正常，對異性具有吸引力，談起戀愛會比較順利，懂得配合對方的節奏、體貼對方的心情，能夠攜手步入婚姻，婚後家庭較幸福美滿，反之，不良的婚姻線，短淺、斷裂、分岔、多條平行，表示身體機能有問題，有縱慾過度的現象，性功能會比較差，戀愛交往複雜、貞操觀念淡薄，經常更換對象，而無法安定下來，情侶容易爭執吵鬧，就算結婚，也很可能個性不合，或是遭到第三者介入，破壞原本家庭的和諧。

捌、婚姻線

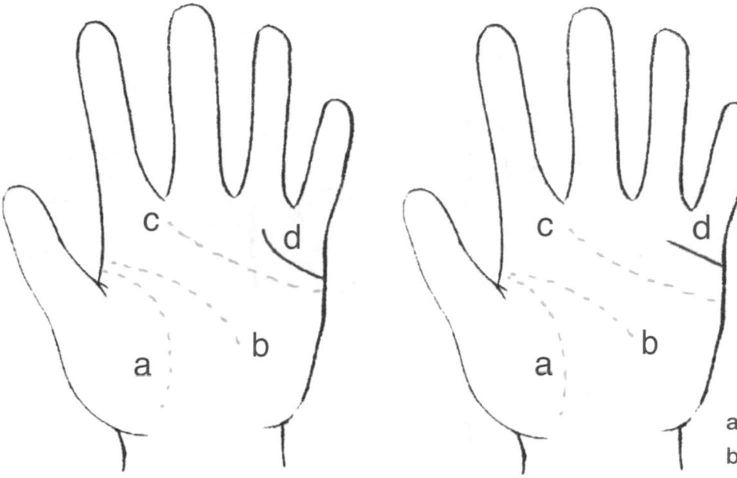

c
d
a
b
c
d
a
b

a：生命線
b：理智線
c：感情線
d：婚姻線

一、清晰深長的婚姻線

清晰深長的婚姻線，就是位於小指的下方，表示感情交往過程穩定，很少遇到阻礙、煩惱，結婚後婚姻幸福美滿，配偶的條件多半很理想，能夠對自己有幫助，彼此的溝通良好，家庭氣氛和樂，夫妻可以白頭偕老。

二、尾端上揚的婚姻線

尾端上揚的婚姻線，就是尾端的部分往無名指靠近，表示異性緣良好，感情交往順利，對方的條件不錯，結婚以後，能增加名聲跟財富，不過，若呈現倒勾狀，則表示運勢每況愈下，婚姻漸漸生變，情況變得不理想。

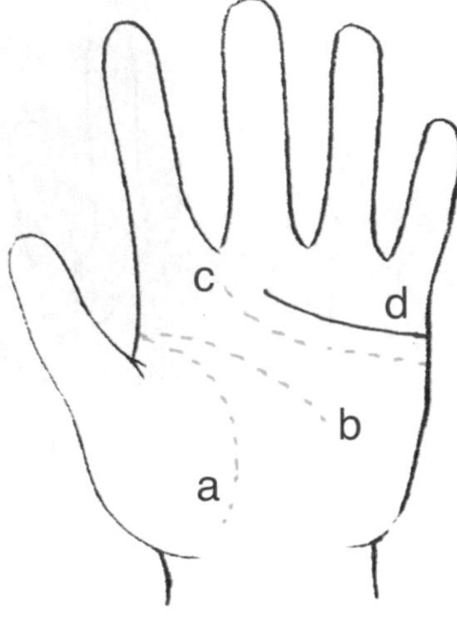

三、長度過長的婚姻線

長度過長的婚姻線，位置幾乎到達中指的下方，表示很重視感情交往、對婚姻有神聖態度，但由於太過理想化，會產生感情上的潔癖，整天疑神疑鬼的，反而讓對方受不了，經常會有衝突、口角，婚姻不一定能長久。

四、朝下穿越的婚姻線

朝下穿越的婚姻線，就是婚姻線朝下穿越感情線，表示原本的感情穩定，也論及婚嫁的程度，但是中途卻發生意外變故，導致兩人無法結合，或是已經結婚，但結果卻是發生悲劇，留下令人感傷的遺憾。

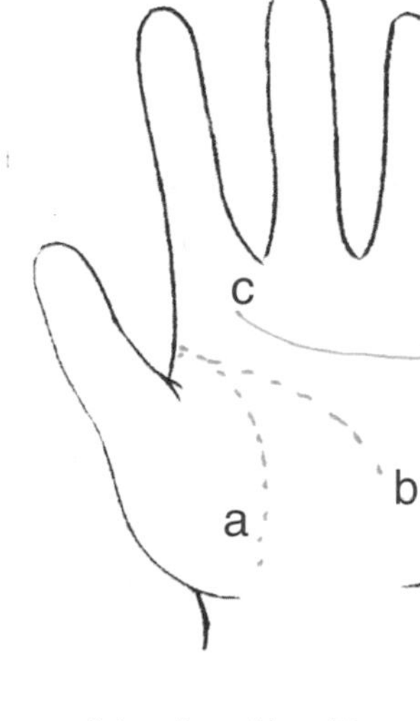

五、接近感情線的婚姻線

接近感情線的婚姻線，就是婚姻線跟感情線距離接近，表示思想方面較早熟，很早就開始談戀愛，往往是一見鍾情，就互相約定終身，通常有早婚的傾向，但需要提防婚姻生變、感情出軌，特別是在中晚年以後。

六、位置適中的婚姻線

位置適中的婚姻線，就是位於小指跟感情線中間，表示早年認真於學業上，不會急著想要談感情，等到進入社會工作，經濟情況穩定以後，才會考慮要戀愛結婚，只要紋路清晰深長，通常婚姻都幸福美滿。

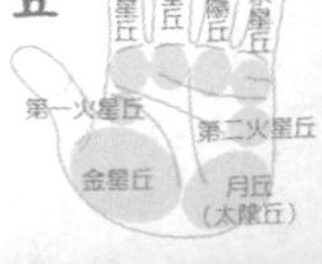

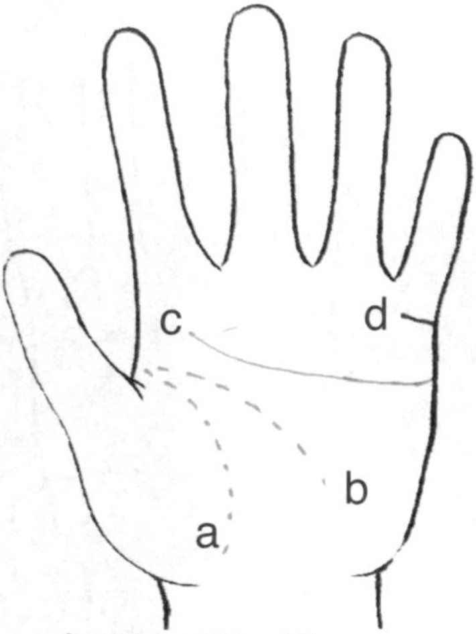

七、接近小指的婚姻線

接近小指的婚姻線，就是婚姻線靠近小指的根部，表示為人孤僻、異性緣較差，戀愛經常出現波折，導致沒有實際結果，會有不停更換交往對象的可能，結婚的對象方面，通常條件跟年齡方面，也容易會有一段落差。

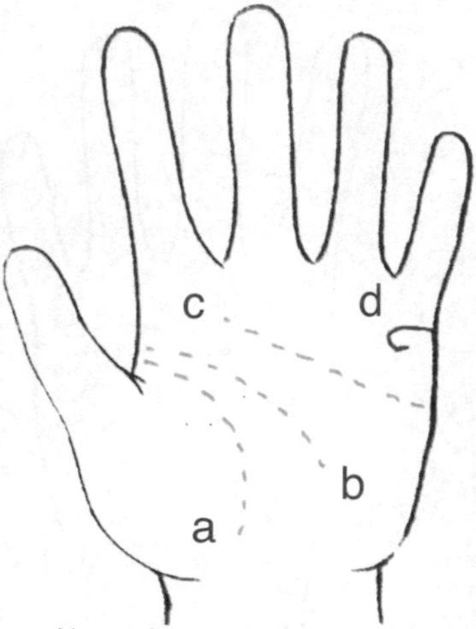

八、下垂如勾的婚姻線

下垂如勾的婚姻線，就是婚姻線向下彎曲如倒勾，表示感情不順利，過程受阻擾，一直沒辦法安定下來，必須要經過數次的失敗，才能找到適合的對象，但配偶身體狀況較差，會讓你相當的操心、煩惱。

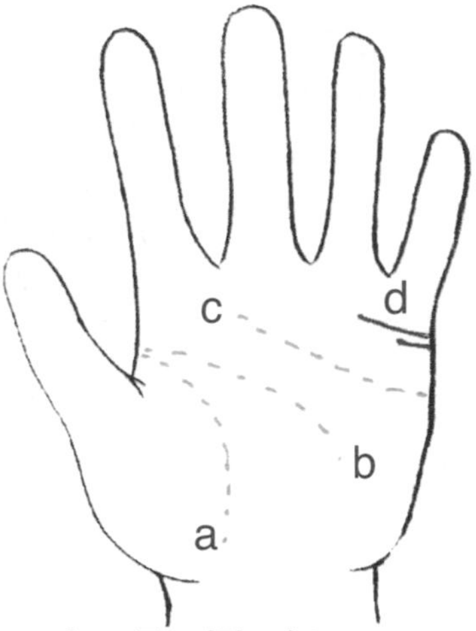

九、長短不一的婚姻線

長短不一的婚姻線，就是兩條婚姻線出現，但是長度卻不一致，表示容易有感情方面的困擾，不知道該如何選擇，使得情緒容易波動，若是上長下短，則先交往的對象不長久，會跟後者交往結合，若反之，則婚後要注意異性的騷擾。

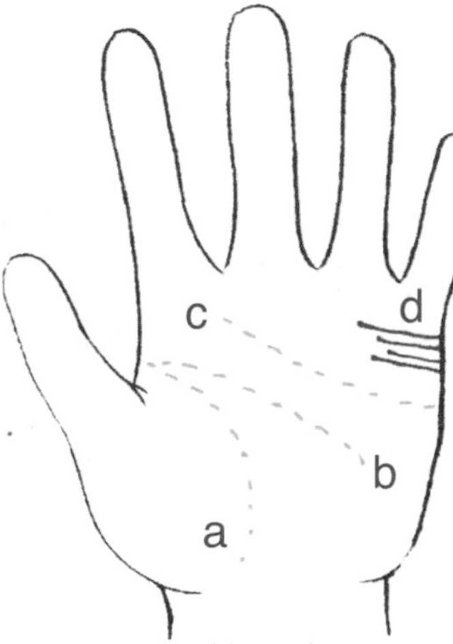

十、數目眾多的婚姻線

數目眾多的婚姻線，就是有三條以上紋路同時出現，表示對異性很早就有興趣，容易陷入感情漩渦，但往往喜新厭舊，態度不是很認真，有三角戀情的情況，若早婚的話，恐怕婚姻不理想，會有第三者介入糾纏，導致離婚的可能。

十一、輔線平行的婚姻線

輔線平行的婚姻線，就是婚姻線旁有平行的紋路，表示曾經有過美好的戀情，但中途卻發生變故，感情受到了嚴重的打擊，不過很快就能夠振作起來，接受另一段美好感情，女性方面，要提防已婚男性的騷擾。

十二、直紋阻隔的婚姻線

直紋阻隔的婚姻線，就是尾端出現直紋阻隔，表示感情不順、姻緣薄弱，交往過程波折阻礙，而沒辦法有結果，得不到眾人的祝福，或是結婚以後，才發現彼此個性不合、觀念歧異，溝通上會有嚴重的隔閡。

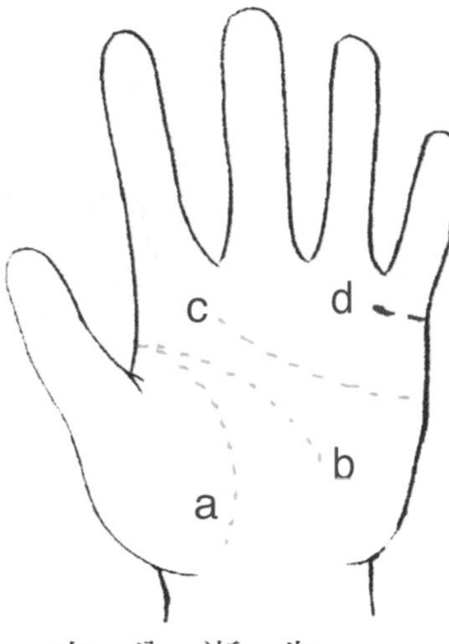

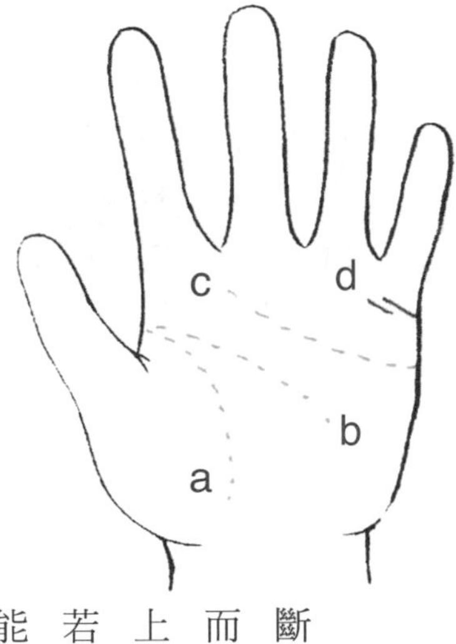

十三、呈現中斷的婚姻線

呈現中斷的婚姻線，就是婚姻線上有缺口產生，表示愛情運勢先熱後冷，剛開始很甜蜜，但漸漸就疏遠冷淡，而再也沒有交集，雙方會選擇分手一途，婚姻上，會有許多溝通的問題，或是中途發生變故，導致婚姻狀況走下坡。

十四、中斷並行的婚姻線

中斷並行的婚姻線，就是原本的婚姻線中斷，但旁邊卻有輔線出現，表示感情容易生變，而產生煩惱、困擾，最好不要太早結婚，婚姻上，容易有爭執吵鬧，彼此會有冷戰的現象，但若能放下身段、協調溝通，仍有重修舊好的可能。

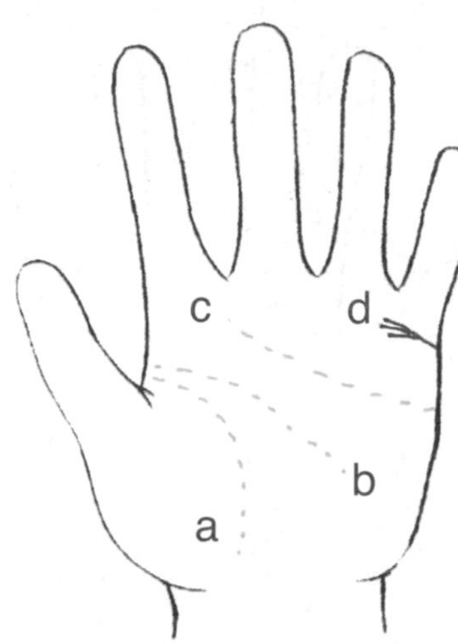

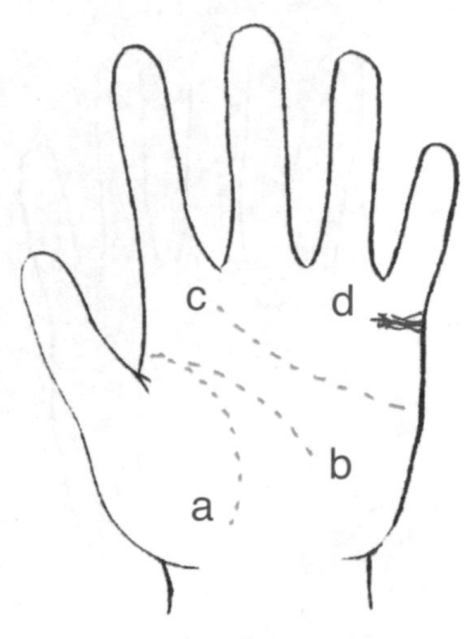

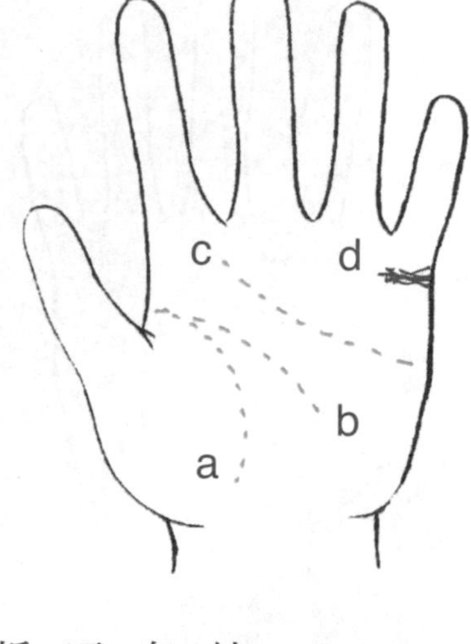

十五、細紋朝下的婚姻線

細紋朝下的婚姻線，就是婚姻線有許多支線朝下，表示婚姻情況不理想，感情日漸冷淡，彼此缺乏熱情火花，需要重視生活情趣，或增添浪漫氣氛，否則將影響家庭的幸福和樂，配偶的健康不佳，也要多注意關心。

十六、交錯複雜的婚姻線

交錯複雜的婚姻線，就是婚姻線有許多紋路交錯，表示感情運勢不理想，交往當中有許多挫折，留下不美好的回憶，婚姻方面，雖然彼此能夠結合，但婚後會產生波折，需要攜手共度難關，才能夠長長久久。

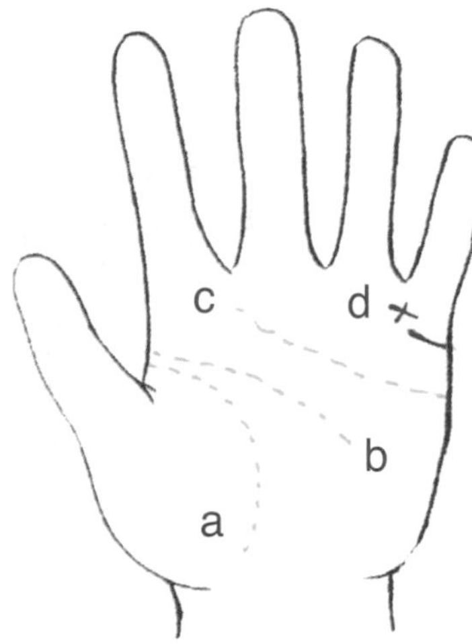

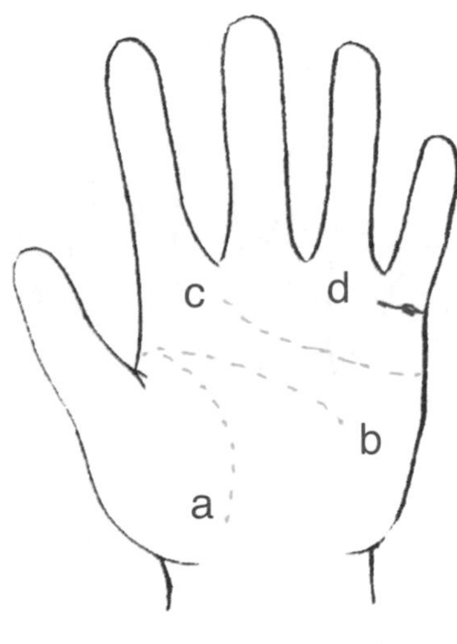

十七、星紋出現的婚姻線

星紋出現的婚姻線，就是婚姻線有星紋或十字紋，表示感情運勢良好，能交往到好對象，讓自己沾光，婚姻上，配偶的家世跟條件優越，能提升自己的名聲與地位，多半是跟政商名人或是權威人士結合。

十八、島紋出現的婚姻線

島紋出現的婚姻線，就是婚姻線上有島紋顯現，表示感情受到阻礙，而沒有辦法持續，或是遭受他人的干涉，使得彼此無法結合，結婚之後，婚姻情況會有變數，容易有第三者介入，卻遲遲難以解決，產生許多無奈與煩惱。

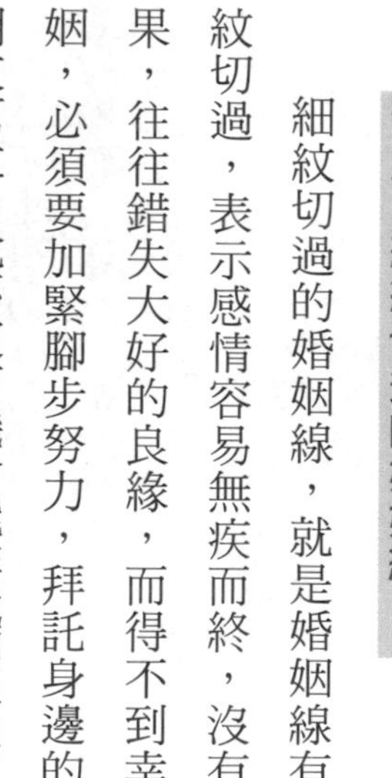

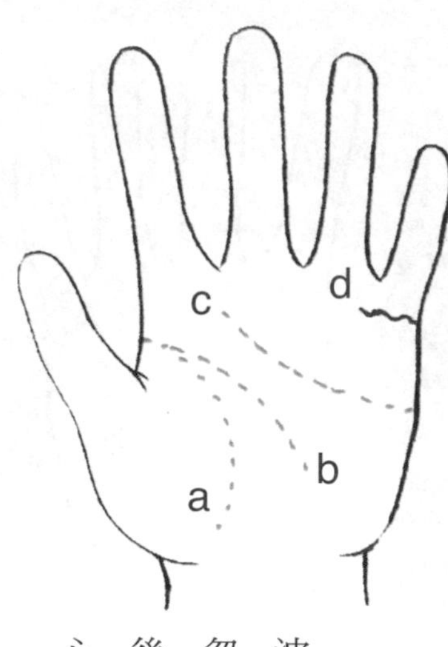

十九、細紋切過的婚姻線

細紋切過的婚姻線，就是婚姻線有許多直紋切過，表示感情容易無疾而終，沒有什麼結果，往往錯失大好的良緣，而得不到幸福的婚姻，必須要加緊腳步努力，拜託身邊的親戚、朋友幫忙，說不定有機會能尋找到伴侶。

二十、彎曲波折的婚姻線

彎曲波折的婚姻線，就是婚姻線呈現彎曲波浪狀，表示感情不穩定，不夠認真投入，有忽冷忽熱的情況，跟另一半時常吵架，結婚之後，夫妻溝通會出現問題，必須要放下身段、心平氣和來商量，否則婚姻恐怕不長久。

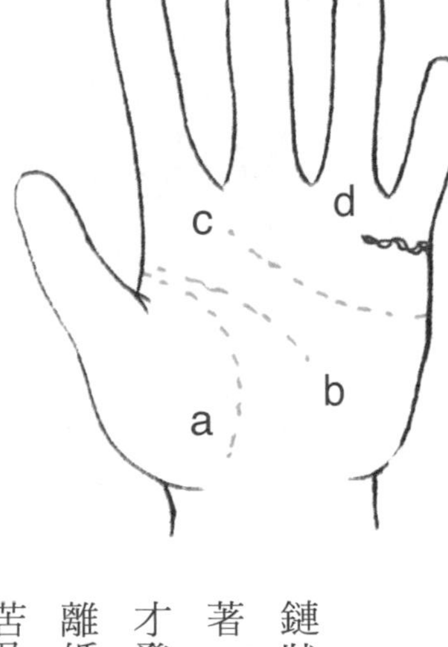

二十一、鎖鏈形狀的婚姻線

鎖鏈形狀的婚姻線，就是婚姻線呈現鎖鏈狀，表示感情運勢較差，但又非常的執著，聽不進別人建言，等到彼此步入禮堂，才發現個性有差異，觀念無法溝通，很想要離婚收場，又無法當機立斷，造成兩人的痛苦及負擔。

二十二、尾端分岔的婚姻線

尾端分岔的婚姻線，就是婚姻線尾端分岔成兩條支線，表示感情方面聚少離多，可能是遠距離的交往，或是異國的戀情，結婚之後，夫妻因工作的緣故，恐怕會有分居的情況，而影響到感情的親密度。

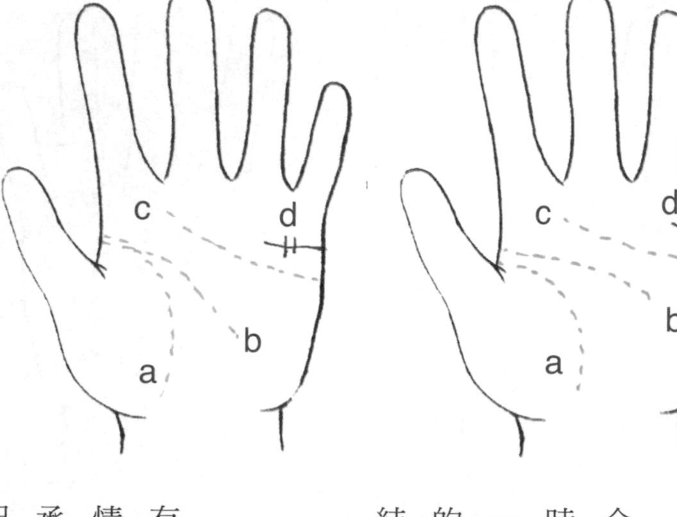

二十三、前端分岔的婚姻線

前端分岔的婚姻線，就是開頭兩支線結合成一條婚姻線，表示戀愛過程有波折，同時有兩個對象在追求，而難以選擇其中之一，或是途中遭遇到變故，感情有受挫打擊的可能，但最後能漸入佳境，有幸福美好的結局。

二十四、下垂直切的婚姻線

下垂直切的婚姻線，就是婚姻線下垂且有直紋切過，表示容易遭受外打擊，使得感情婚姻不理想，恐有生離死別的現象，必須承受莫大的壓力，會有一段痛苦的煎熬，而配偶的身體多半不好，必須要特別注意。

二十五、掃把形狀的婚姻線

掃把形狀的婚姻線，就是婚姻線尾端有數條分散的支線，表示為人感情風流，善於追求異性，但是由於用情不專，經常招惹麻煩、糾紛，婚後，夫妻容易為了小事情而爭吵，影響到感情的穩定發展。

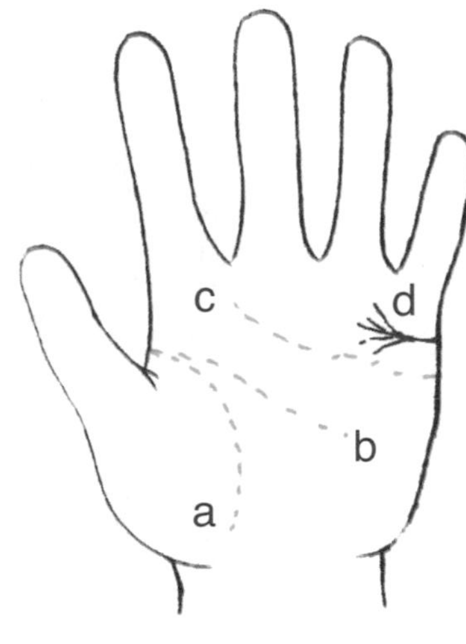

玖、趨吉避凶、疾厄無所遁的健康線

健康線別名叫做疾病線、癸儀紋、不健康線，又因為跟肝臟有關，所以也有肝臟線之稱，通常起點在地丘上，朝水星丘延伸，不太會超過感情線。

健康線是判斷身體健康的依據，一般而言，若沒有健康線的話，表示身體比較健壯，各方面機能正常，沒有什麼太大問題，而且健康的人就算有的話，也是短淺、不明顯，不會跟生命線或感情線接觸，若健康線深長、明顯的話，代表健康情況不佳，已經出現了毛病徵兆，要懂得趕快調養，或做健康檢查，才能避免疾病的發生。特別是肝臟方面，可以從此看出來，負擔越大、機能不正常的話，紋路線條就越明顯，不可以等閒視之，在觀看健康線時，若能跟掌丘、膚色、指甲三大主線來對照，那將更能提高準確性。

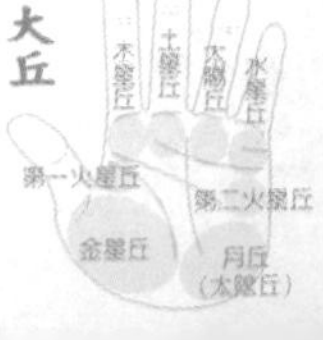

玖、健康線

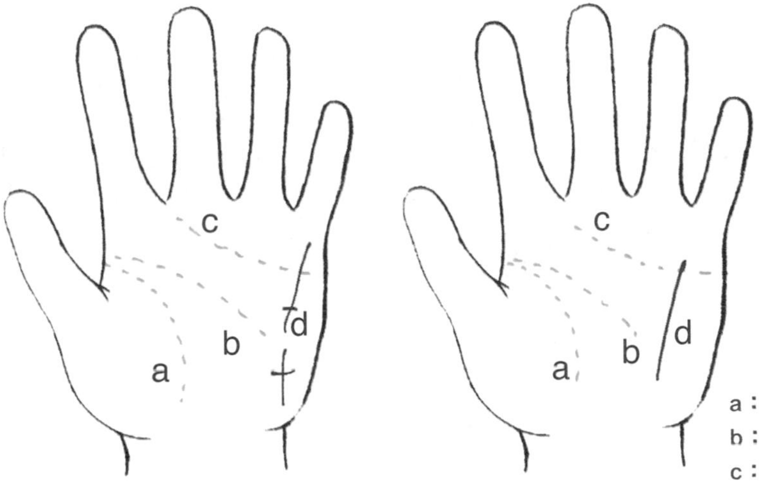

a：生命線
b：理智線
c：感情線
d：健康線

一、深長清晰的健康線

深長清晰的健康線，由小指下方延伸至掌心，表示個人健康良好、體能充沛，能夠從事較長時間的工作，不過一般來說，若原本沒有健康線的話，身體機能也是健康正常的，但若突然冒出健康線，就代表過於疲倦操勞，要注意飲食作息。

二、月丘十字的健康線

月丘十字的健康線，就是靠近月丘的位置，健康線上有十字紋路，表示為人心思敏銳、想法迅速，對於新奇的事物，會有濃厚的興趣，通常對神秘主義有了解，身體方面，小毛病會比較多，要特別的注意，以防變為大病。

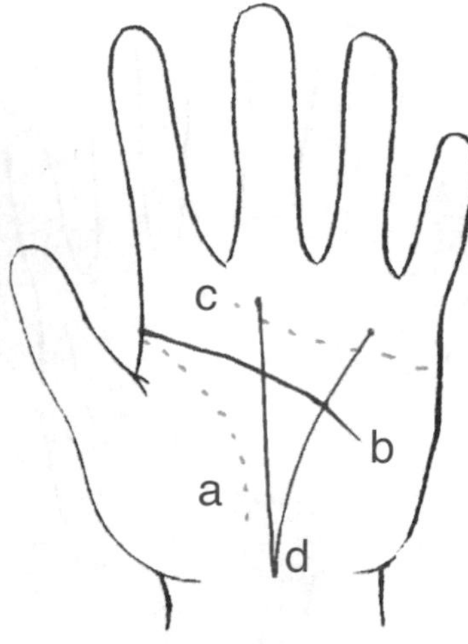

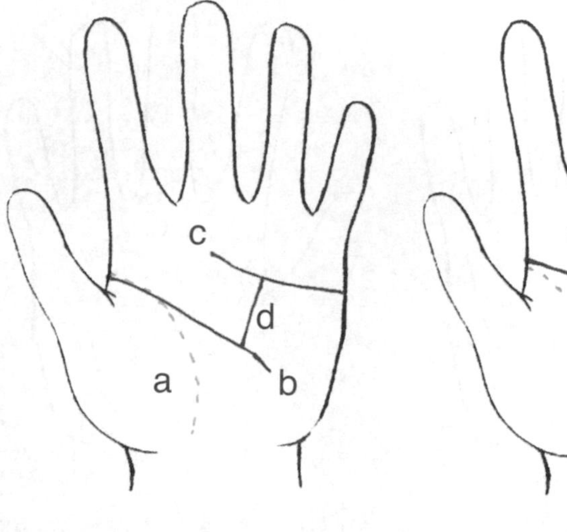

三、連結成三角形的健康線

連結成三角形的健康線，就是健康線跟事業線、理智線形成三角形，表示天資聰穎、反應靈敏，學習能力很強，周遭貴人又多，就算遇到危險困難，也都能安然度過、化險為夷，經過挫折失敗之後，能有更上一層樓的表現。

四、連接感情理智的健康線

連接感情理智的健康線，就是健康線的兩端，連接感情線跟理智線，表示個性固執、不懂變通，跟人溝通上會有問題，不太容易協調，是非糾紛也多，身體上，要注意心臟的毛病，以及用腦過度的現象。

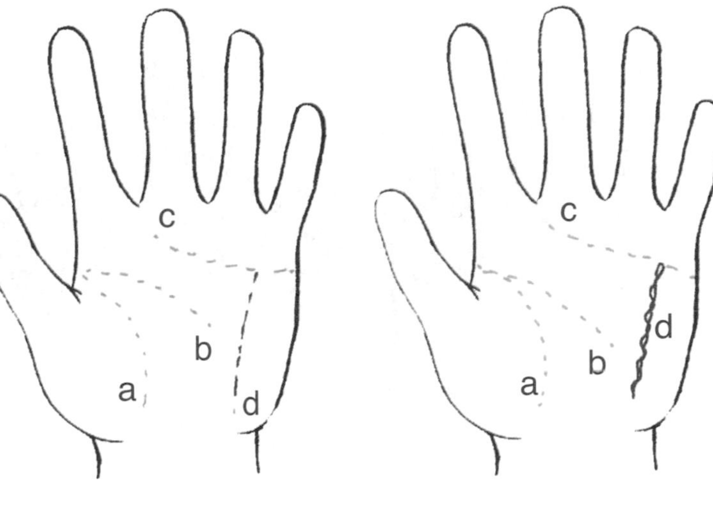

五、鎖鏈形狀的健康線

鎖鏈形狀的健康線，表示為人經常操勞、身體疲倦不適，若不懂得即時保養，將會有慢性疾病的產生，最好能夠定期檢查，身體上，抵抗力較差，若生病的話，身體比較慢恢復，會有拖延的情況。

六、斷斷續續的健康線

斷斷續續的健康線，就是斷斷續續不明顯的紋路，表示為人體質虛弱、抵抗力較差，很容易有過敏或小毛病產生，事業上，有過度疲勞的現象，工作效率降低，凡事心神不寧，很容易情緒化，帶有神經質的可能。

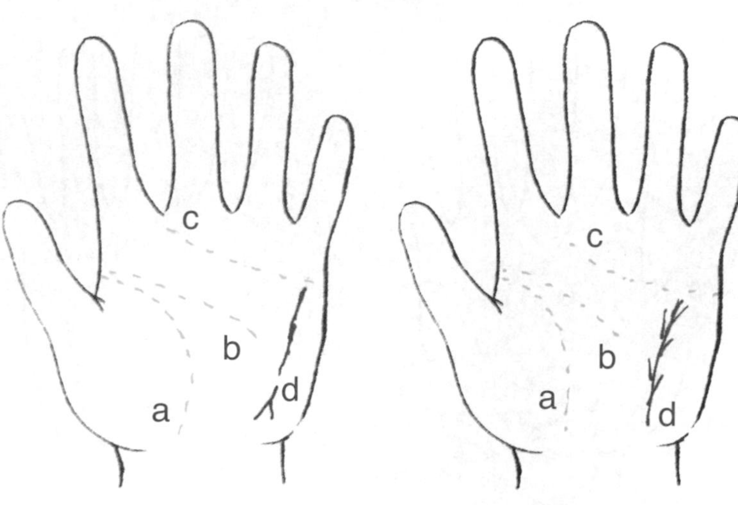

七、細紋遍佈的健康線

細紋遍佈的健康線，就是健康線出現雜亂紋路，表示為人任性驕縱、不易合群，喜歡獨自主張，不愛聽從建言，常跟人家斤斤計較，而有口角摩擦產生，身體上，容易有體力衰退、神經衰弱的傾向。

八、中斷分岔的健康線

中斷分岔的健康線，就是健康線有中斷或分岔的情況，表示健康情況每況愈下，會有突然發病的可能，要留意身體的警訊，事業上，要注意職場的安全，避免危險的操作，出外交通要謹慎，防止血光之災的發生。

拾、夜夜笙歌的放縱線、奔波勞碌的異動紋

放縱線別名叫做情慾線、副健康線，是從太陰丘出發，朝金星丘延伸的紋路，有些時候會穿過生命線，也有些會在地丘的時候，就往手腕線方向彎去。

放縱線跟健康線差不多，是用來判斷身體健康的，如果身體機能不正常，就會出現放縱線，越多條紋路的話，情況就越嚴重，表示為人精力受損、消耗過度，影響到正常的作息，特別是腎臟方面，有一定程度的關聯，很可能是菸酒中毒、濫用藥物，或是長期失眠、情慾放縱不節制，或是太過操勞、休息時間不足，都可以從放縱線觀察出來。

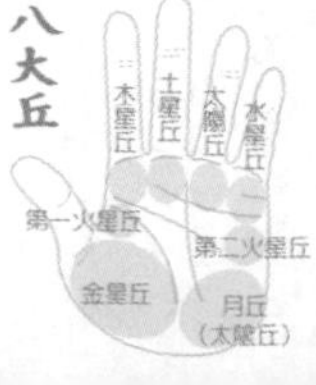

拾、放縱線、異動紋

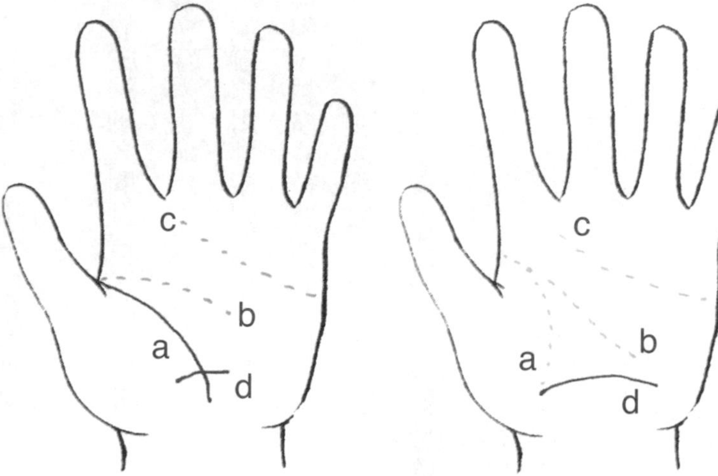

a：生命線
b：理智線
c：感情線
d：放縱線

一、掌中明顯的放縱線

掌中明顯的放縱線，就是在手掌邊緣的弧狀紋路，表示個人的慾望所在，太過明顯、深長清晰，則有沉迷物慾的可能，通常作息日夜顛倒，有酗酒或嗑藥的情況，奢侈浪費不知節制，人生波折起伏很大。

二、短淺細小的放縱線

短淺細小的放縱線，就是紋路細微不太清晰，表示雖然有一些不良嗜好，但是懂得自我節制，不會長期沉迷其中，能重新導回到正途，但若細紋橫切過生命線，那麼必須要經歷痛苦折磨，才能夠即時醒悟、痛改前非。

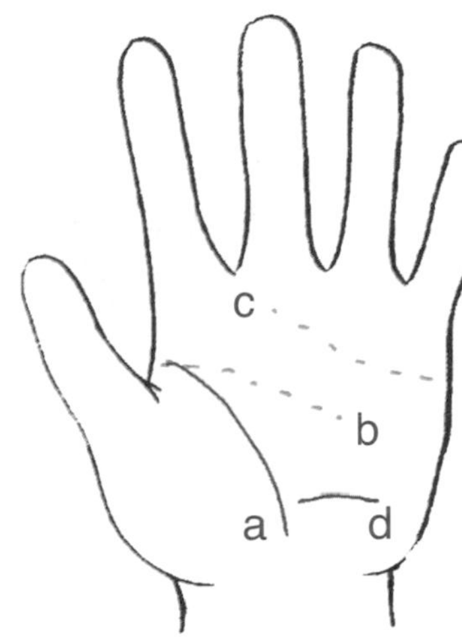

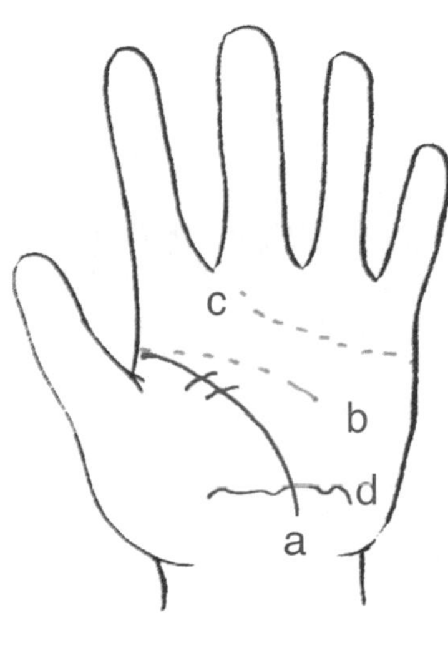

三、月丘旁邊的放縱線

月丘旁邊的放縱線，就是處於月丘跟生命線橫紋的，表示生活作息不正常、為人有許多壞習慣，特別是喜歡燈紅酒綠的夜生活，常常弄得身心俱疲、毛病不斷，但卻無法自拔，有執迷不悟的現象，影響到人際關係跟事業財運。

四、彎曲波折的放縱線

彎曲波折的放縱線，就是彎曲的紋路，或劃過生命線的雜紋，表示精神狀況不太穩定、有神經衰弱的現象，人際關係上容易溝通不良，產生許多糾紛、困擾，需要他人的介入幫助，否則會有衝動或想不開的傾向。

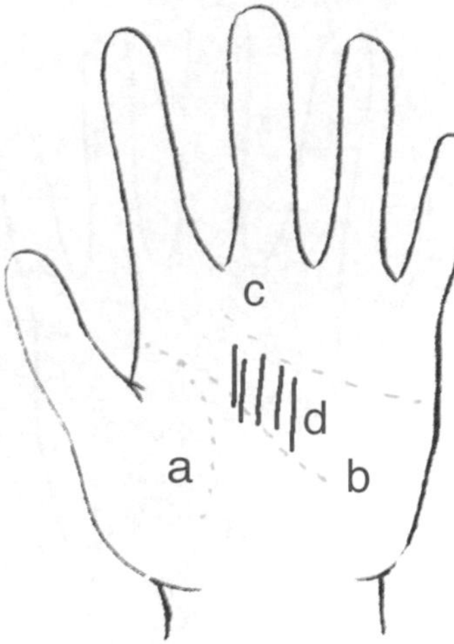

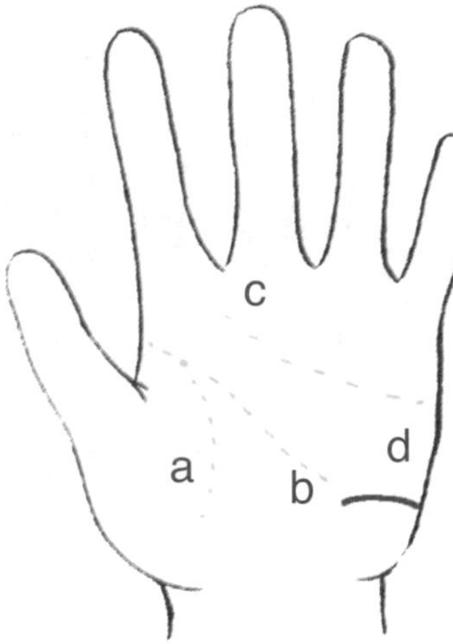

五、明顯平直的異動紋

明顯平直的異動紋，就是在手腕上方，月丘附近的橫紋，表示為人奔波勞碌、經常變換地點，從事業務推銷的工作，或是到各地出差、旅遊，很少留在家裡面，但若紋路雜亂，有分支細紋，則心神不寧、旅途勞累。

六、掌心出現的異動紋

掌心出現的異動紋，就是許多直紋聚集向上，表示經常搬遷移動、變換居家住所，生活環境變化大，事業上，有升遷調動的機會，容易因為工作需要，而四處奔走勞累，一般來說，此線不常出現，異動過後通常就會消失。

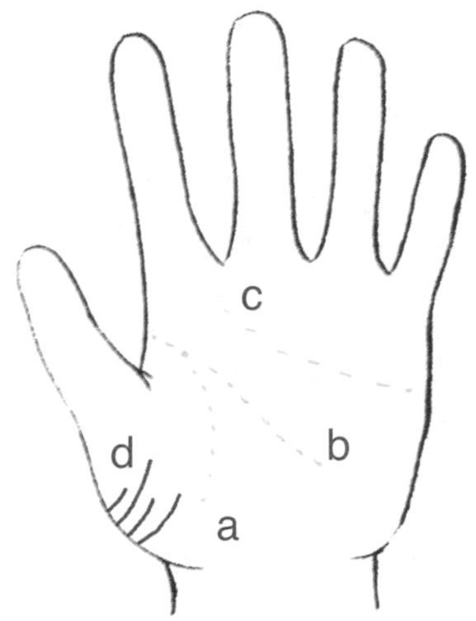

七、生命線上的異動紋

生命線上的異動紋，就是生命線尾端有分岔出現，表示有搬遷的現象，多半是中晚年以後容易發生，有移居海外的可能，或是長年在異鄉工作，而想要落地生根，但若紋路太過雜亂，則有奔波辛苦的現象。

八、金星丘旁的異動紋

金星丘旁的異動紋，就是金星丘旁有朝上的直紋，別名叫做異路紋，表示很早離鄉背井到外地去發展，雖然過程辛苦，但終究能成功，有異鄉發達的可能，但若紋路雜亂，則表示徒勞無功，挫折失敗較多。

拾壹、渴望追求、勇於嘗試的手腕線

手腕線別名叫做腕褶線、手頸線、手首線，位於手掌的根部，通常會出現一至三條左右，環繞在手腕上，是手掌跟手臂的分界。

手腕線可以了解健康情況，以及為人的企圖心、敏感度，對於財富、名譽的追求手段。良好的手腕線，清晰、完整、沒有雜亂，表示身體非常健康，神經系統靈敏，做事情充滿活力，反應也夠迅速，企圖心強烈，會追求卓越，是適合領導管理的人士，會展現鐵腕的作風，對財富的渴望也很高，反之，手腕線若破裂、間斷、紋路雜亂，表示身體健康有問題，意志力不夠堅定，常常力不從心，無法持續到底，容易受到影響、慫恿，而改變原來的主意，讓自己被人拖累，而連帶遭受損失，不太能守得住財富。

拾壹、手腕線

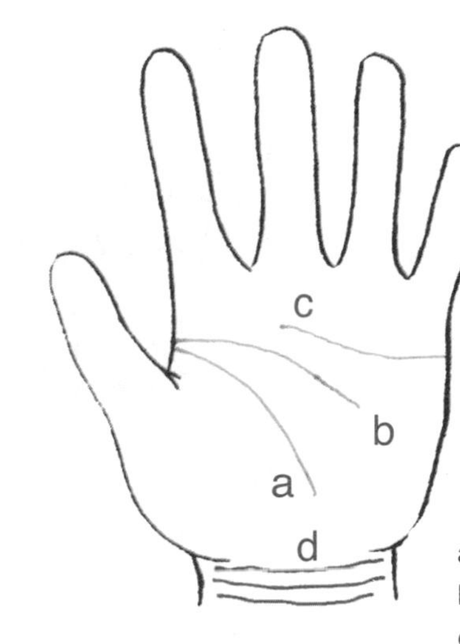

a：生命線
b：理智線
c：感情線
d：手腕線

一、清晰平直的手腕線

清晰平直的手腕線，就是位於手腕上的二、三條橫線，表示個人身體健康、思考周密，若清晰平直的話，則身體非常健康，懂得掌握趨勢，規畫生涯發展，能按部就班行事，慢慢闖出名聲、順利累積財富。

二、斷斷續續的手腕線

斷斷續續的手腕線，就是紋路不明顯且中斷不連續，表示為人健康情況不佳，身體有某些慢性疾病，影響到體力與精神，事業上，容易感覺疲倦，無法貫徹目標，績效每況愈下，有心有餘而力不足的現象。

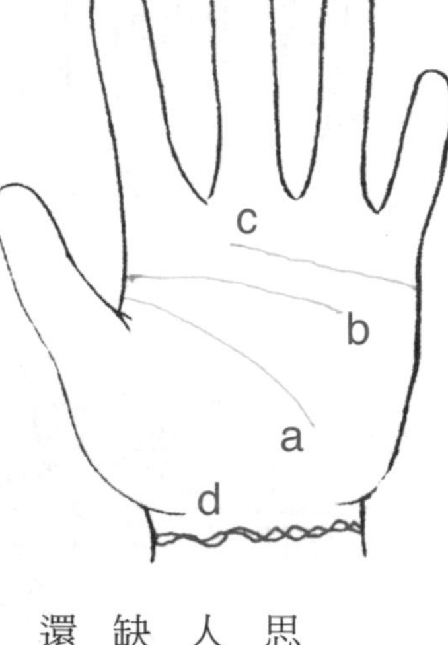

三、呈鎖鏈狀的手腕線

呈鎖鏈狀的手腕線，表示為人謹慎小心、思考多慮，對人比較不信任，不太放心交負他人，通常會事必躬親、不假手他人，但由於欠缺額外幫助，過程會比較辛苦、勞累，但最終還是會有成果，可以安然的享受。

四、有十字紋的手腕線

有十字紋的手腕線，就是手腕線上出現十字型的紋路，表示家境較差、早年辛苦，需要靠自己謀生，凡事辛勤多勞，事業上，遇到失敗挫折較多，但可以藉此磨練意志，然後才能有所成就，有偏愛宗教或心靈事物的傾向。

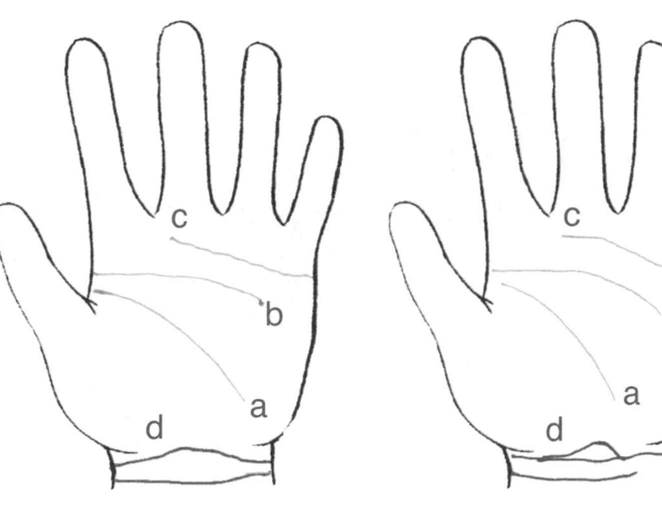

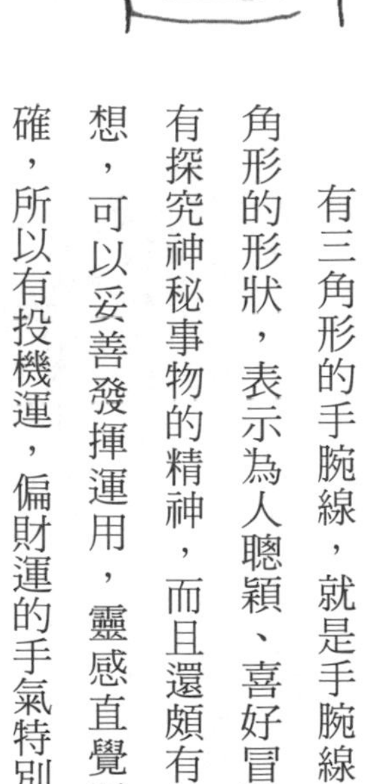

五、有三角形的手腕線

有三角形的手腕線，就是手腕線呈現三角形的形狀，表示為人聰穎、喜好冒險，很有探究神秘事物的精神，而且還頗有心得感想，可以妥善發揮運用，靈感直覺通常準確，所以有投機運，偏財運的手氣特別好。

六、拱成弧狀的手腕線

拱成弧形的手腕線，就是手腕線上方呈現弧狀，表示身體健康要注意，內臟機能多半出現問題，或是有經年累月的宿疾，不宜太過操勞疲倦，以免引發相關疾病，婦女方面，則有生理疼痛的問題。

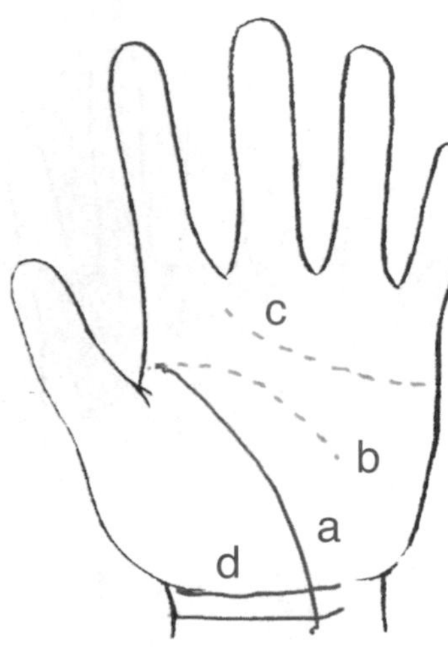

七、健康線劃過的手腕線

健康線劃過的手腕線，表示身體體質衰弱、從小多病痛疾病，要注意飲食作息，以免演變成嚴重疾病，男性方面，要避免沉迷酒色、縱慾過度，才不會導致健康受損，影響到家庭幸福與事業進展。

八、雜亂細小的手腕線

雜亂細小的手腕線，就是手腕線產生許多分支紋路，表示體力欠佳、精神不足，睡眠方面可能有困擾，導致無法入睡休息，神經有衰弱的現象，若為女性的話，會有婦科的疾病，生孕方面恐怕會有困難。

拾貳、千變萬化、隨機出現的掌中記號

掌中記號就是一些紋路看起來像是符號一樣，會隨機出現在手掌當中，通常跟人的生理、心理狀況有關聯，會間接影響到個人運勢，對於事業、財富、感情、健康有相當程度的決定力量。

掌中符號各有其隱藏的意義，可以獨立來參考判斷，也可以配合紋路或丘位來解釋，有些符號會增加破壞力量，像是星紋、島紋、鎖鏈紋、斑點，有些則是有修補的作用，像是三角紋、方格紋、圓形紋等等，不過還是要先看紋路的趨勢，再配合符號來論斷，會比較不容易差錯，跟符號距離較近紋路，作用力會比較明顯，而離開若超過一公分，就比較沒有影響力。

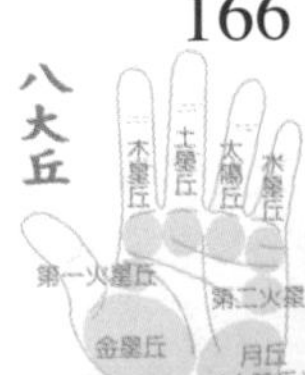

拾貳、掌中記號

a：生命線
b：理智線
c：感情線
d：環行紋

一、無名指下的環行紋

無名指下的環形紋，就是無名指下的太陽丘有環形紋，表示為人能夠獲得地位與名聲，特別是在中年以後，事業能夠獲得進展，享有豐碩的成果，但環形紋不宜出現在其他部位，反而代表招惹災禍上門。

二、掌心明堂的十字紋

掌心明堂的十字紋，就是掌心出現或大或小的十字紋，表示有特殊的興趣偏好，對於醫學跟宗教若能深入研究，將可以獲得不錯的成果，讓人羨慕、欽佩，但不宜出現在主線上，反而代表煩惱叢生的意思。

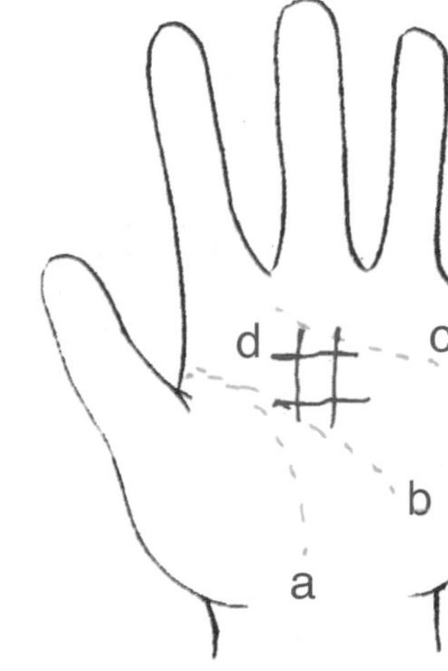

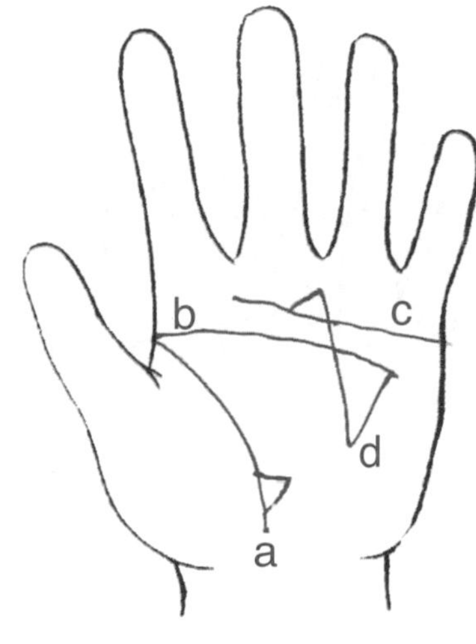

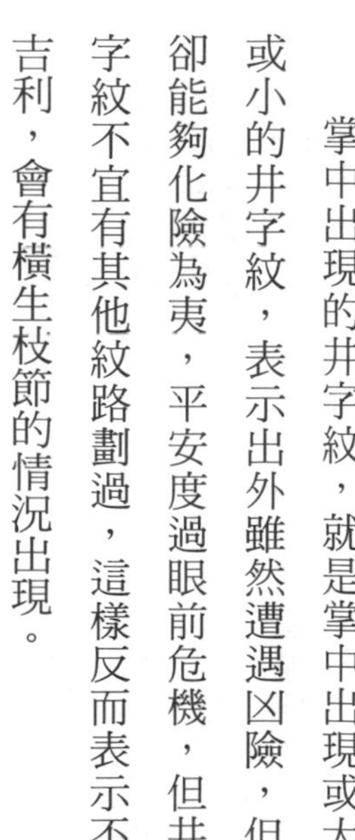

三、掌中出現的井字紋

掌中出現的井字紋，就是掌中出現或大或小的井字紋，表示出外雖然遭遇凶險，但卻能夠化險為夷，平安度過眼前危機，但井字紋不宜有其他紋路劃過，這樣反而表示不吉利，會有橫生枝節的情況出現。

四、掌中主線的三角紋

掌中主線的三角紋，就是由主線連結而成的三角形紋路，表示增加力量的意思，能使情況變得更好，也表示能夠展現才華，增加吸引魅力，可以藉由奮鬥上來獲得成功，但不宜出現於感情線，感情恐有波折困擾的現象。

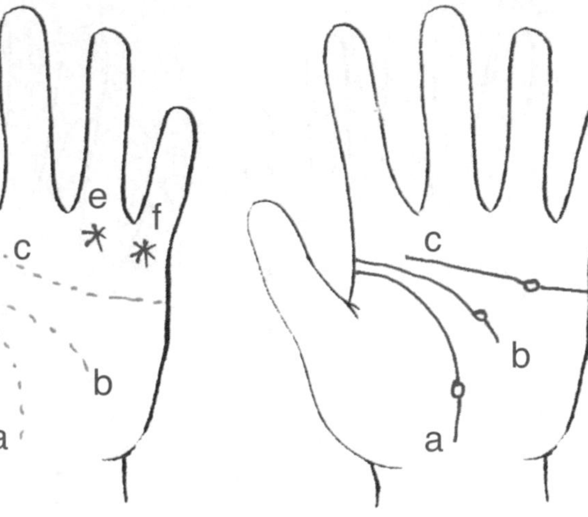

五、掌線出現的島紋

掌線出現的島紋，就是掌線出現或大或小的島紋，表示運勢停滯不前，情況每況愈下，有越來越糟糕的現象，最好要有事先的規畫與防範，才能降低阻礙與減少損失，對於手中各線的影響，皆是負面不理想的。

六、指頭下方的星形紋

指頭下方的星形紋，就是各指頭下方的丘位出現星形紋，表示能夠帶來好運，化解周遭阻礙，另原本更好的趨勢，可以持續不斷發展，但若出現在智慧線、事業線、生命線上，卻容易產生負面的效果。

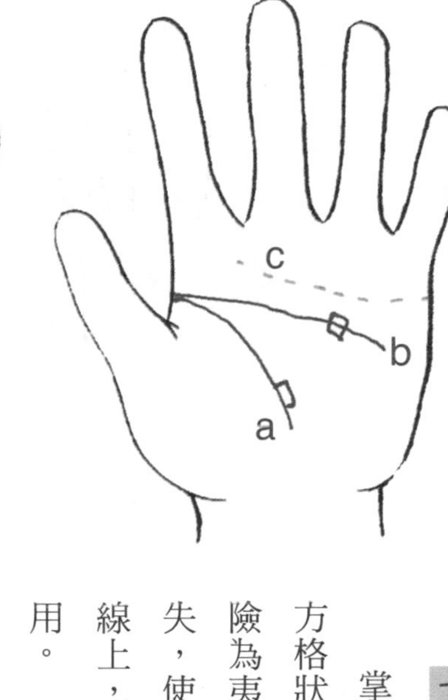

七、掌中主線的方格紋

掌中主線的方格紋，就是出現在主線的方格狀紋路，別名叫做保護紋，表示能夠化險為夷，躲過阻礙、災禍，減少不必要的損失，使運勢不受中斷的影響，出現在那條主線上，就代表該主線能夠發揮趨吉避凶的作用。

八、掌中主線的流蘇紋

掌中主線的流蘇紋，就是主線分岔出的許多雜紋支線，別名叫做穗形紋，表示衰弱、耗損的意思，運勢有轉弱的趨勢，要提防走下坡的情況，也表示為人腦力衰退，想法過於理想、夢幻，而顯得有點不切實際。

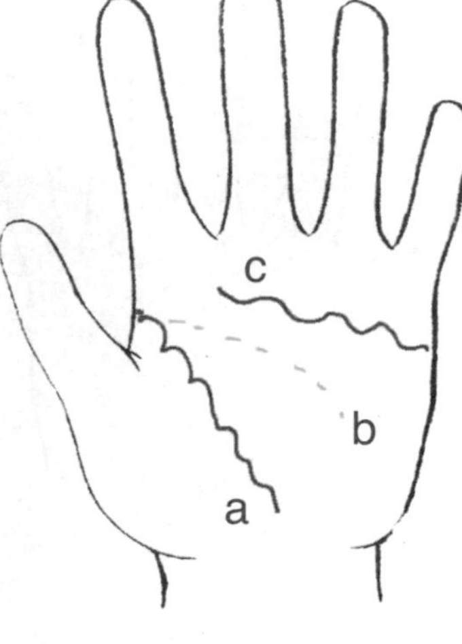

九、掌中出現的波形紋

掌中出現的波形紋，就是掌線有彎曲波折的情況，表示為人意志不堅定，經常三心二意，缺乏魄力勇氣，顯得優柔寡斷，必須要經過無數次的挫折失敗，身心有一番磨練之後，才能有實際的作為可言，運勢也會轉為平穩。

十、掌中出現的網形紋

掌中出現的網形紋，就是掌中各部位出現網狀紋路，表示身心煩惱、運勢困頓的意思，除了拇指根部論吉之外，其餘的部位若出現的話，都不是正面的幫助，反而有逆境不安的情況，必須要奔波勞碌、不得清閒。

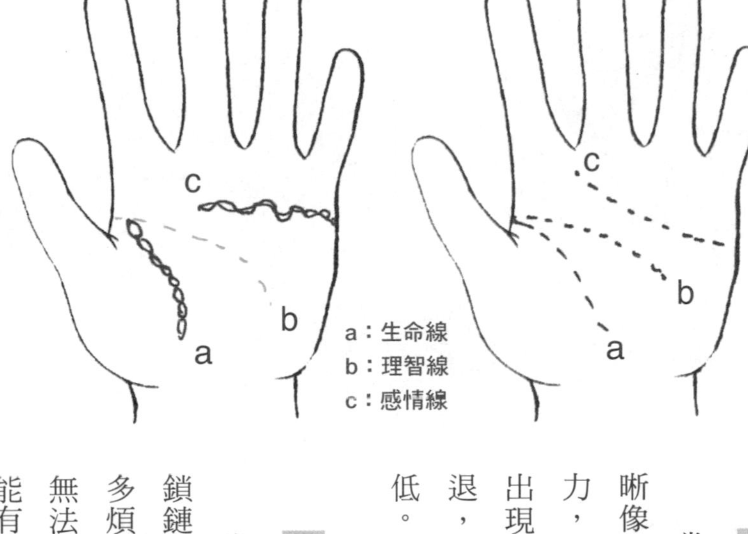

十一、掌中出現的虛線紋

掌中出現的虛線紋，就是掌中紋路不清晰像虛線般，表示意志力薄弱、欠缺充沛活力，凡事消極且悲觀、有懶散怠惰的情況，出現在任何掌線上，表示運勢逐漸減弱衰退，無法積極振作，執行貫徹的能力會降低。

十二、掌中出現的鎖鏈紋

掌中出現的鎖鏈紋，就是掌中紋路出現鎖鏈形狀般，表示為人容易失意沮喪、身心多煩惱糾葛，凡事執著不肯放下，導致心胸無法開闊，人生必須要經歷過諸多磨難，始能有體悟領會，而有突破現狀的契機。

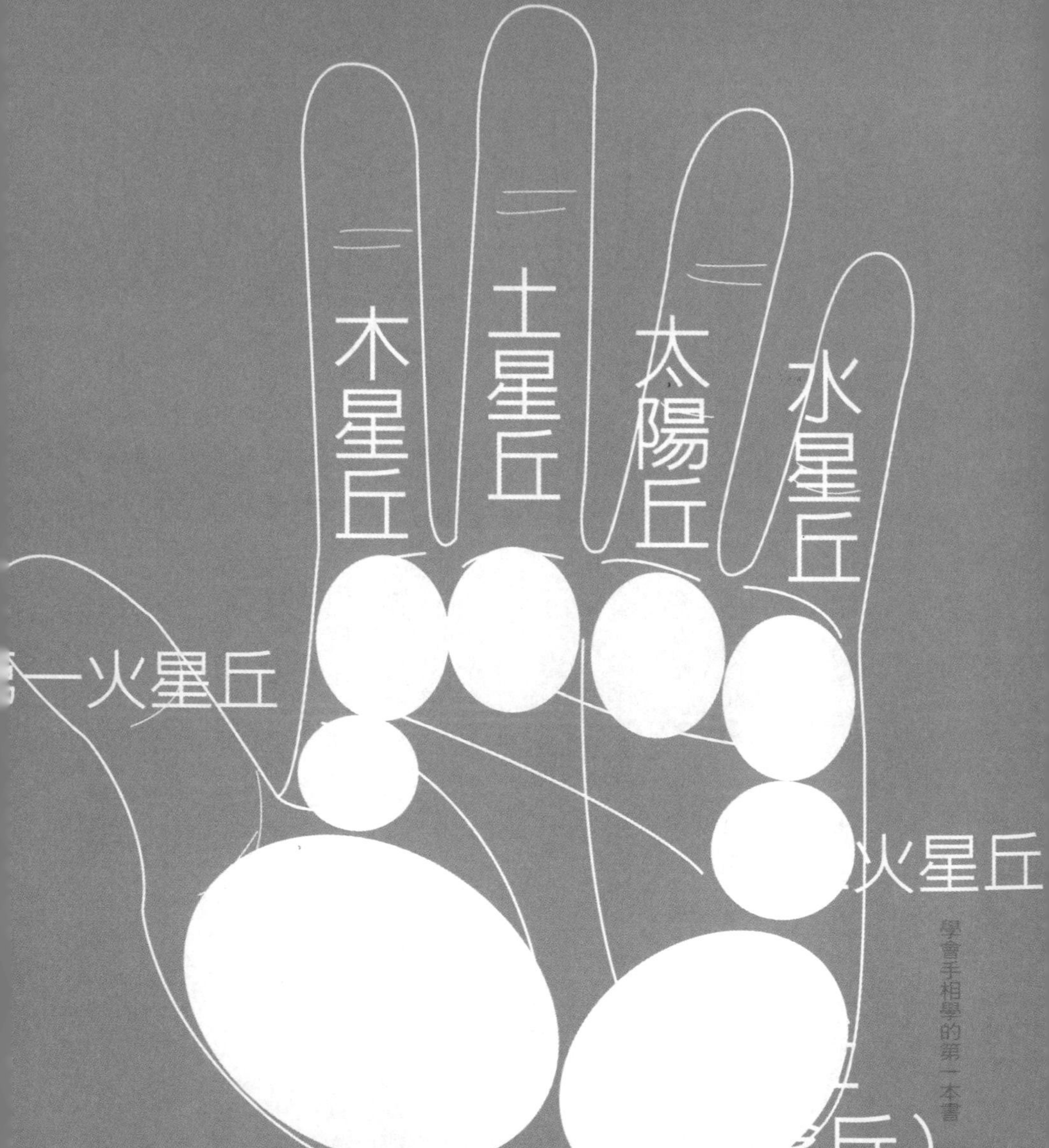

木星丘

土星丘

太陽丘

水星丘

一火星丘

火星丘

丘）

拾參、色彩繽紛、不斷轉變的手掌氣色

氣色是相學的精華所在，如果能懂得氣色的觀看，甚至可以不用透過實質的形象，就可以精準的論斷吉凶好壞，以及運勢的高低起伏，通常氣色的出現，是隨著人的七情六慾來做反應，像是喜、怒、哀、樂、悲、思等等，或是酒色所引發，或是生病的徵兆，不然就是外在環境的影響，以致於人在生理層面、心理層面，皆產生情緒衝擊變化，讓人體五臟六腑的機能狀況，透過氣色表現在外相上。

氣色主要分成「五行」氣色，就是紅色、紫色，由「心」發出，五行屬火；青色，由「肝」發出，五行屬木；黃色，由「脾」發出，五行屬土；白色，由「肺」發出，五行屬金；黑色，由「腎」發出，五行屬水。符合宮位或時節，所展現的氣色是吉兆，而違背宮位或時節，所發出的氣色，屬於凶兆。

八大丘
木星丘 土星丘 太陽丘 水星丘 第一火星丘 第二火星丘 金星丘 月丘（太陰丘）

拾參、手掌氣色

一、明顯紅潤的手掌氣色

明顯紅潤的手掌氣色，就是手掌心有血色點狀分佈，表示為人身體健康、體質強健，很少生病或疾病產生，各方面的運勢不錯，有越來越好的趨勢，特別是在事業方面，很容易出人頭地，而享有名聲與地位。

二、枯黃黯淡的手掌氣色

枯黃黯淡的手掌氣色，表示身體健康不佳，內臟機能受損，多半是肝臟功能需要注意，盡量不要操勞過度，以免引發相關疾病，最好是能適度休息，配合飲食作息，才能轉變低落運勢，讓運勢變得更好。

三、赤紅遍佈的手掌氣色

赤紅遍佈的手掌氣色，就是手掌心呈現赤紅的顏色，表示個人脾氣暴躁、容易衝動行事，會惹出不必要的麻煩，常有官司訴訟的可能，錢財方面比較存守不住，身體上，要注意血管毛病，是否有血壓過高的情況。

四、青色遍佈的手掌氣色

青色遍佈的手掌氣色，就是手掌心浮現青筋，帶有青色的現象，表示為人容易緊張，顯得十分憂慮，做事情就很礙手礙腳，常常無法順利達成，過程當中波折較多，身體上，腸胃方面會有問題，忌吃生冷的食物。

五、黃白明潤的手掌氣色

黃白明潤的手掌氣色，就是手掌心明亮有光澤，表示為人運勢亨通、心想事成，做什麼事情都很順利，有貴人從旁幫助，能夠有良好的效果，身體上，復原的能力不錯，生病通常會很快的痊癒。

六、灰黑黯淡的手掌氣色

灰黑黯淡的手掌氣色，就是手掌心失去光澤呈現灰黑，表示運勢遇到阻礙，恐有災禍臨頭，要特別小心謹慎，最近要注意家宅的安全，以防偷盜或火災，身體上，提防突發疾病，或者意外災害，盡量避免出遠門或旅行。

七、蒼白枯槁的手掌氣色

蒼白枯槁的手掌氣色，就是手掌心蒼白無血絲，且無光澤則可言，表示身體上，缺乏適當運動、體能耐力欠佳，很容易感冒生病，人際關係上，由於自信心不足，神經很容易緊張，會常常出差錯，導致悲觀消極的想法。

八、潮濕流汗的手掌

潮濕流汗的手掌，表示個性大方熱情、平易近人，但是卻非常敏感，容易神經緊張，經常處於壓力的狀態，所以導致身體疲倦勞累，沒辦法持續專注，身體上，腸胃方面要特別注意，飲食切忌暴飲暴食。

九、乾燥脫皮的手掌

乾燥脫皮的手掌，表示個性冷靜沉默、不愛與人親近，人際關係比較疏遠冷淡，身體上，腸胃方面不太好，有排便困難的傾向，最好注意水分的攝取，婦女方面，表示有生理疾病的困擾。

十、冰冷蒼白的手掌

冰冷蒼白的手掌，表示欠缺熱情活力，行動能力較差，做事非常有條理，但人際關係上，顯得較為冷漠，有利己的傾向，不太能替人著想，身體上，恐怕有貧血方面的毛病，需要特別的注意。

（手掌雖小看一生）

掌心三線，露玄機
兩手一攤，現禍福

壹、無緣永續婚姻的手相

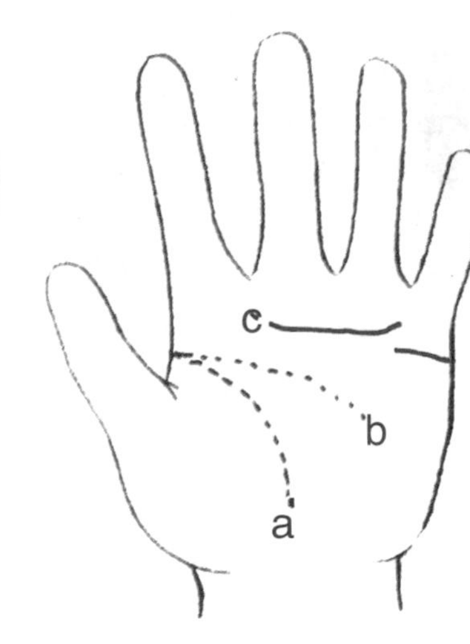

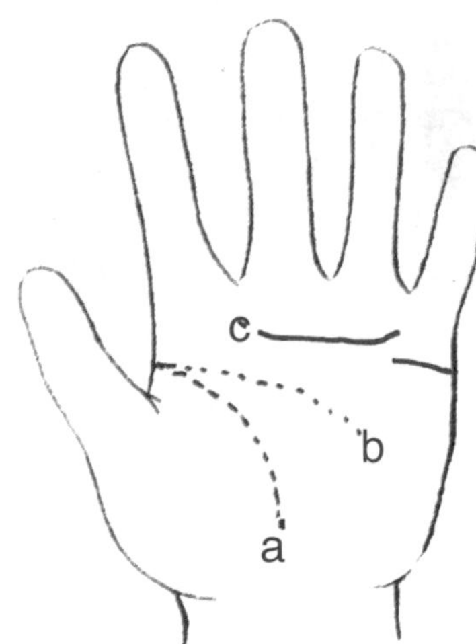

一、有缺口卻延續的感情線

有缺口卻延續的感情線，表示感情交往不穩定，剛開始很順利，但卻遭到外來因素，而導致必須分開，婚姻上，容易有離婚、分居的情況，或是配偶發生變故，而有生離死別的可能，但會有再度婚嫁的機會。

二、明顯下垂交叉的婚姻線

明顯下垂交叉的婚姻線，就是婚姻線不但下垂，還劃過感情線呈現交叉狀，表示婚姻不太理想，彼此條件落差太大，跟配偶容易爭執吵鬧，感情越來越疏離，有離婚的可能，也表示配偶發生不幸的機會較高。

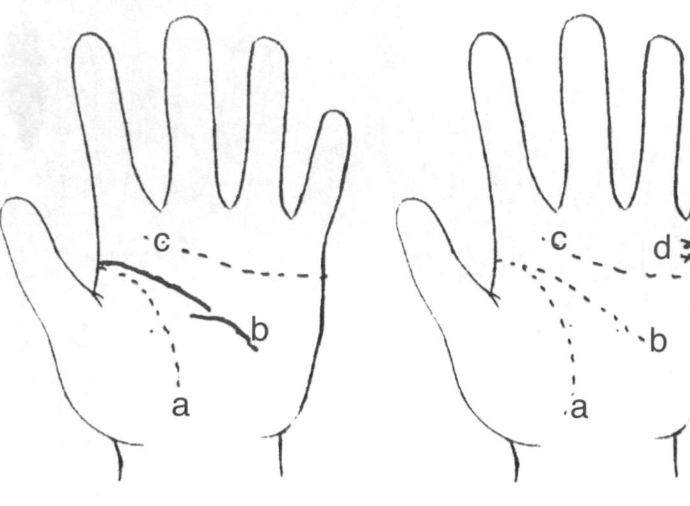

三、複雜而且混亂的婚姻線

複雜而且混亂的婚姻線，表示感情生活複雜，同時跟多名對象交往，而且容易發生男女關係，經常會出現三角戀情，上演爭風吃醋的戲碼，會經常更換伴侶，結婚後，感情不安於室，容易外遇出軌，有多次婚姻的可能。

四、尾端分岔交錯的智慧線

尾端分岔交錯的智慧線，表示個人主張強烈，不喜歡受約束，在感情交往中，想要控制對方，因而彼此產生爭吵、不愉快，若結婚後，不加以溝通商量，改善情況的話，恐怕會因為嚴重爭端，而導致離異的可能。

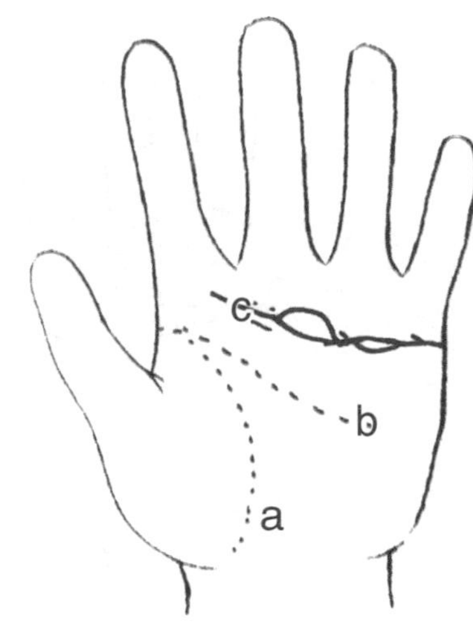

五、出現島紋形狀的感情線

出現島紋形狀的感情線，表示對於感情容易執著，很死心塌地，但由於不懂得選擇對象，很可能挑錯感情伴侶，彼此各方面落差太大，不受到眾人的祝福、看好，愛情恐怕無法開花結果，就算結婚，也不容易長久維持。

貳、夫妻美滿幸福的手相

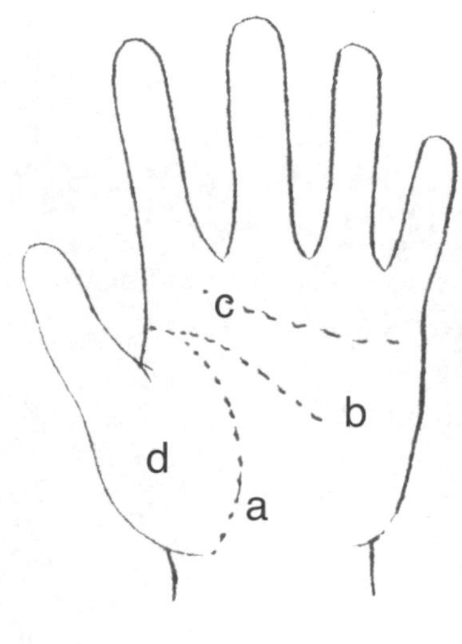

一、隆起厚實的金星丘

隆起厚實的金星丘，表示生命力跟精力旺盛，體能方面特別的好，對性生活有一定的需求，若金星丘又有彈性的話，表示善於甜言蜜語，懂得討好對方，在床第生活方面，會讓對方非常的滿意。

二、挺直有力的拇指

挺直有力的拇指，表示為人充滿主見、充滿了自信心，對感情非常重視，喜歡有所表現，會主動獻殷勤，讓對方十分開心，在性愛方面，由於體能較佳，通常能有不錯的表現，讓對方覺得幸福美滿。

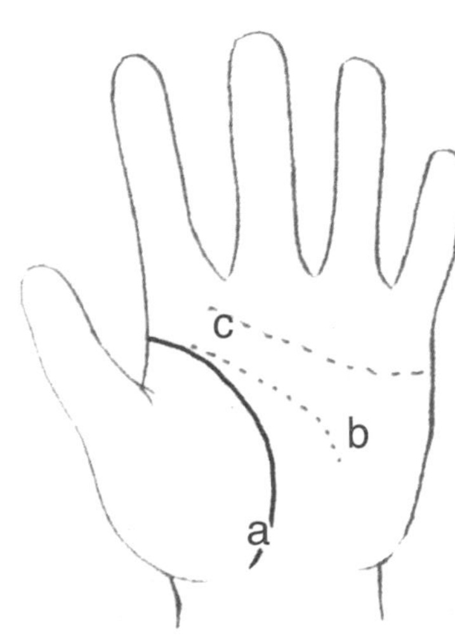

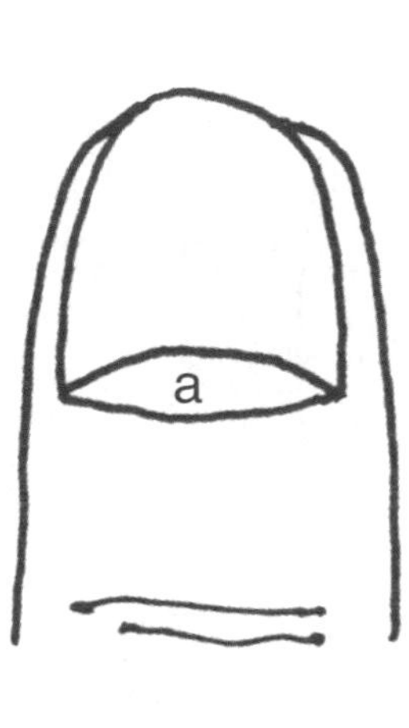

三、清晰明顯的生命線

清晰明顯的生命線，表示為人富有主見、頭腦清晰，對環境有一定的適應能力，感情方面，跟伴侶善於溝通、懂得協調，加上沒有不良嗜好，身體健康良好，在性愛方面能夠配合，彼此感情十分親密。

四、月白明顯的指甲

月白明顯的指甲，表示身體機能正常，氣血十分旺盛，對性慾有一定需求，不會有排斥、冷感的現象，在女性方面，若小指有月白的話，表示有過人的性能力，對性可能有特殊癖好，能夠充分享受魚水之歡。

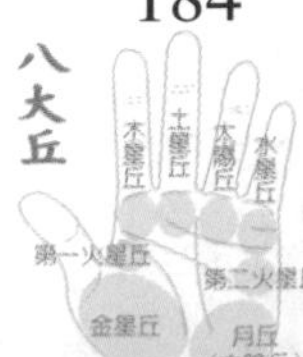

五、三條深明的手腕線

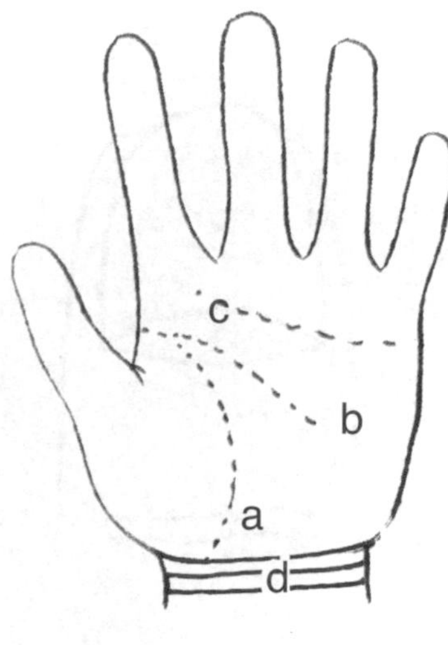

三條深明的手腕線，表示為人身體健康、無不良的嗜好，性機能發達，對於感情能夠正常看待，對異性保持欣賞尊重，在性愛方面，會懂得運用技巧，讓對方獲得喜悅，心態上，因為性而充滿年輕自信。

參、無法閃躲暗箭的手相

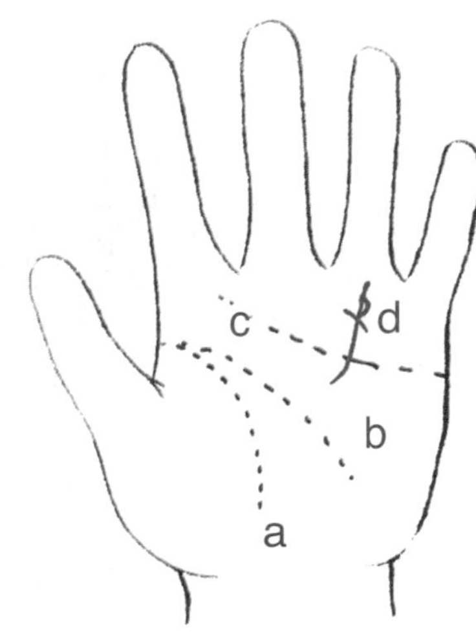

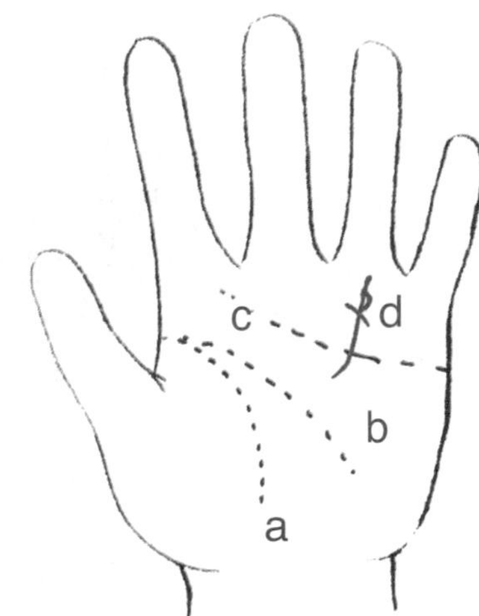

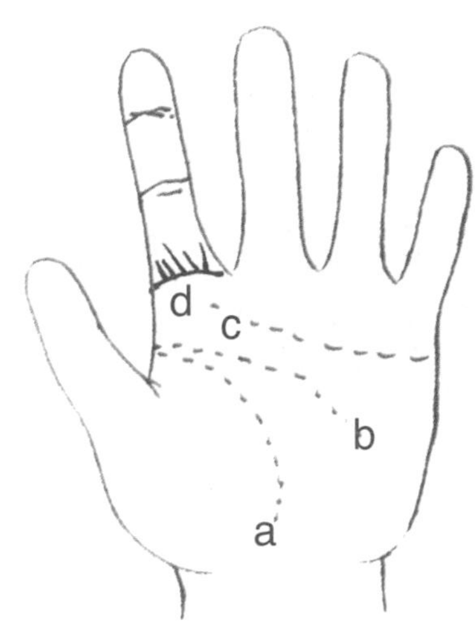

一、歪七扭八的成功線

歪七扭八的成功線，就是成功線彎曲像波浪，或是斷斷續續的形狀，表示事業運不理想，常遭人暗中破壞，而有不少的損失，通常是因為處事不公，缺乏心胸雅量，愛佔他人的便宜，所以遭人唾棄，惹上糾紛麻煩。

二、食指根部紋路雜亂

食指根部紋路雜亂，就是食指的第三指節上，出現許多雜亂紋路，表示家庭氣氛不和樂，跟兄弟姊妹有爭吵，出外的人際關係顯得緊張，經常與人觀念不合、發生衝突，常常得罪他人而不知，事後惹來別人的報復。

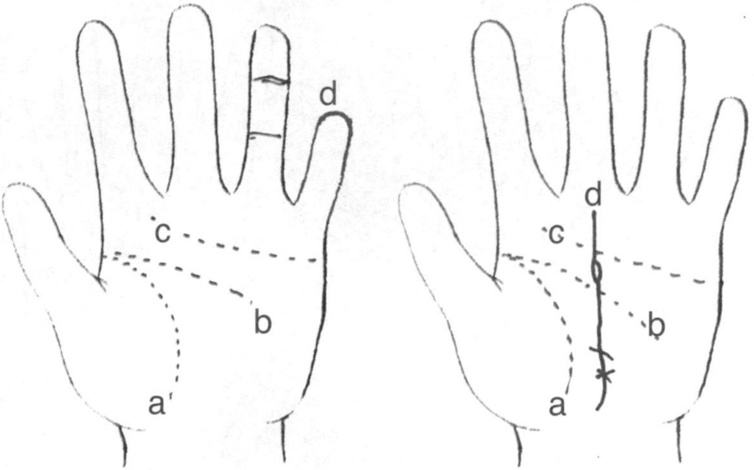

三、橫紋破壞的事業線

橫紋破壞的事業線，就是事業線中途被橫紋劃過，表示事業剛起步的時候，一切都進行得很順利，但卻遭人眼紅妒忌，而想辦法搞破壞，讓事業受到阻礙拖累，有時還可能惹上官非，而必須花錢消災。

四、長度過短的小拇指

長度過短的小拇指，就是小拇指的頂端，沒有到達無名指第二個指節，表示人際關係不理想，缺乏貴人的幫助，還容易因為心直口快，無形當中與人結怨，而遭到他人的阻擾、妨礙，使得事情無法順利進行。

五、橫紋劃過的貴人線

橫紋劃過的貴人線，就是生命線內的貴人紋，被橫紋給劃過穿越，表示原本貴人幫助的情況，卻反而變成牽連拖累，而有金錢方面的損失，人際關係上，由於不懂得謹慎交友，經常輕信他人讒言，而產生不良的影響。

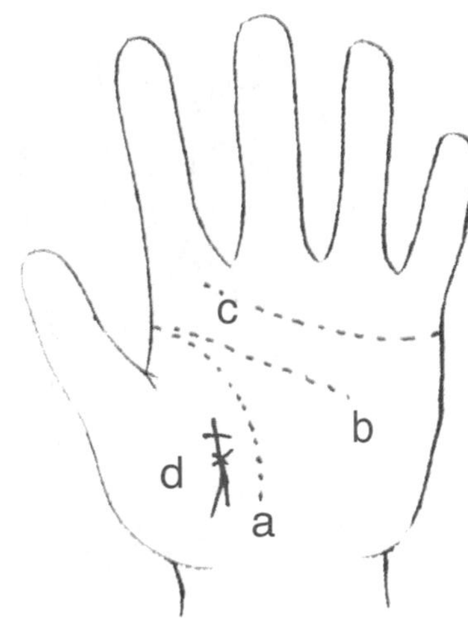

肆、太座強勢凶悍的手相

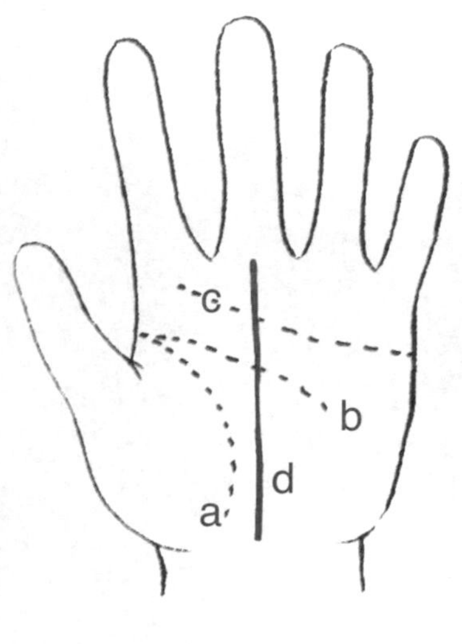

一、筆直沖天的事業線

筆直沖天的事業線，在女性掌紋中特別有影響，表示自我的意識強烈、勇於反抗權威，由於企圖心強烈，會想要創造事業，在婚姻上，對另一半要求高，但又想掌控對方，經常出現爭執，丈夫會不堪其擾。

二、十指的指紋呈現羅紋

十指的指紋呈現羅紋(d)，而不是箕紋(e)，表示女性的心態強勢，喜歡掌權發號師令，為人非常的固執，不好溝通協調，丈夫由於無法說服，態度便會日趨冷淡，情緒容易隱藏壓抑，彼此會有爆發衝突的可能。

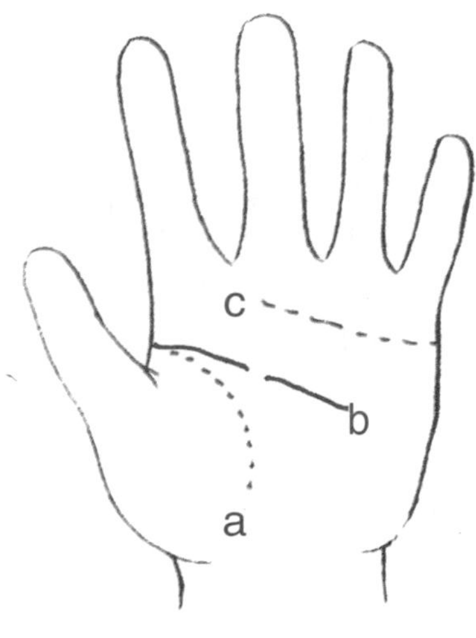

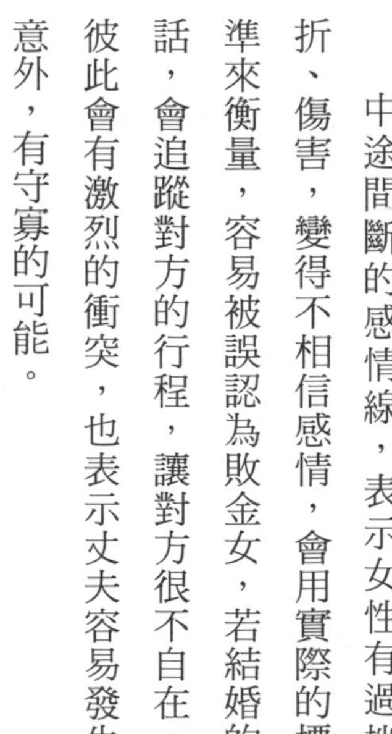

三、中途間斷的感情線

中途間斷的感情線，表示女性有過挫折、傷害，變得不相信感情，會用實際的標準來衡量，容易被誤認為敗金女，若結婚的話，會追蹤對方的行程，讓對方很不自在，彼此會有激烈的衝突，也表示丈夫容易發生意外，有守寡的可能。

四、斷斷續續的智慧線

斷斷續續的智慧線，表示女性的事業企圖心很重、對權勢的慾望強烈，感情生活不太重視，挑選對象時，會依經濟條件為考量，而不是考慮彼此個性，因此常出現婚姻問題，無形中帶給配偶沉重的壓力。

五、橫越手掌的斷掌紋

橫越手掌的斷掌紋，就是智慧線跟感情線合一，並起橫越至手掌邊，古早社會多半視為剋夫的特徵，是由於個性強勢、喜做主張，會希望別人遵照自己的意見，有奪取夫權的可能，而現代的說法，是事業心重，對配偶要求嚴格。

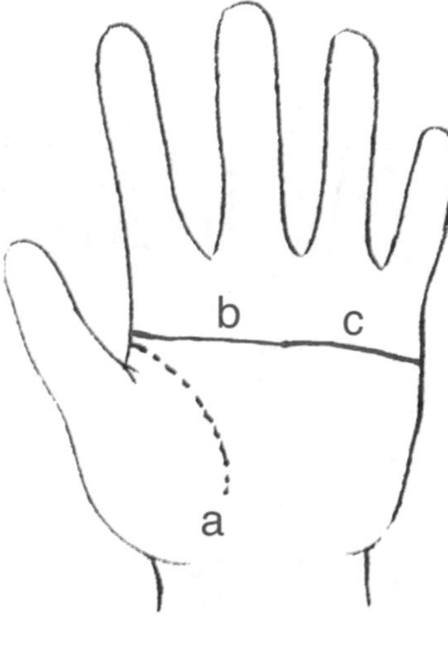

伍、貧窮卻有轉機的手相

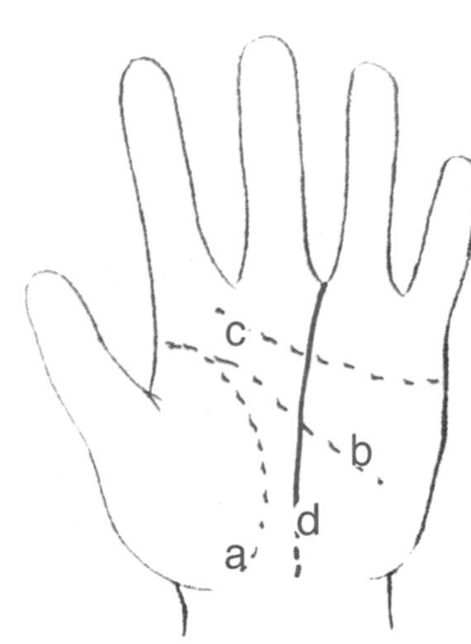

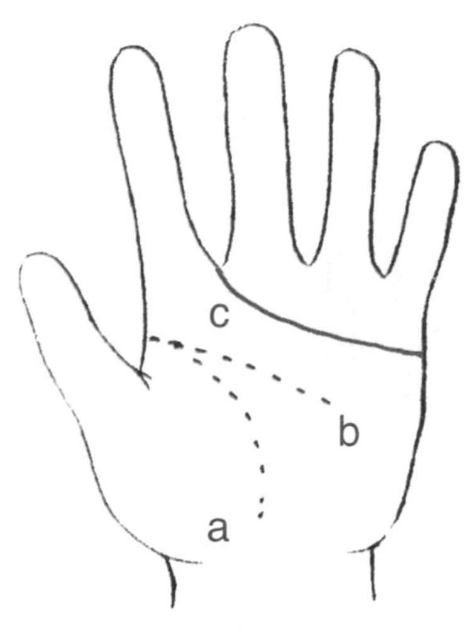

一、止於指間的事業線

止於指間的事業線，就是事業線頂端止於中指跟無名指之間，又剛好這個部分出現縫隙的話，表示雖然事業很努力打拚，會有很豐碩的成果，但由於不懂得理財投資、妥善的運用金錢，使得財富嚴重縮水，很可能付諸流水。

二、止於指間的感情線

止於指間的感情線，就是感情線頂端止於食指跟中指之間，又剛好這個部分出現縫隙的話，表示很重視人際關係，通常會因為感情的因素，像是家人、朋友、伴侶等等，而受到牽連拖累，而有損失金錢的情況。

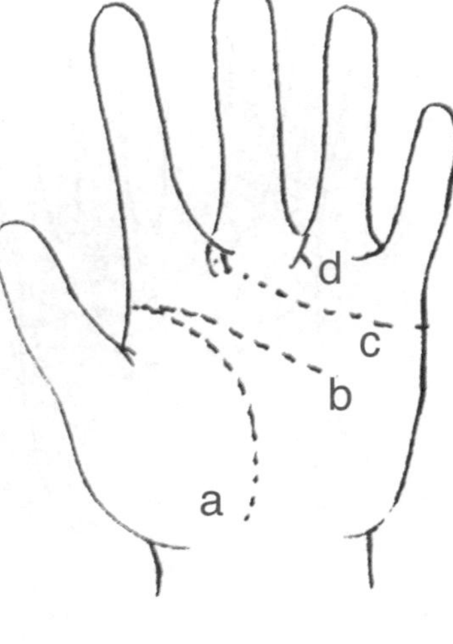

三、無名指下的漏失紋

無名指下的漏失紋，就是無名指下的環狀紋，若有缺口的話，表示對物質生活很渴求，會有奢侈享受的情況，不太會節約控制花費，容易出現透支的情況，或者因為情緒化的因素，有胡亂花錢的傾向，而不懂理財之道。

四、財庫紋路出現缺口

財庫紋路出現缺口，就是拇指第二節當中出現的橫紋，表示為人不精打細算，憑感覺購物花費，所以不善於理財，有可能透支或負債的現象，必須要把錢託付給家人或配偶，不然就是專業的機構代為管理。

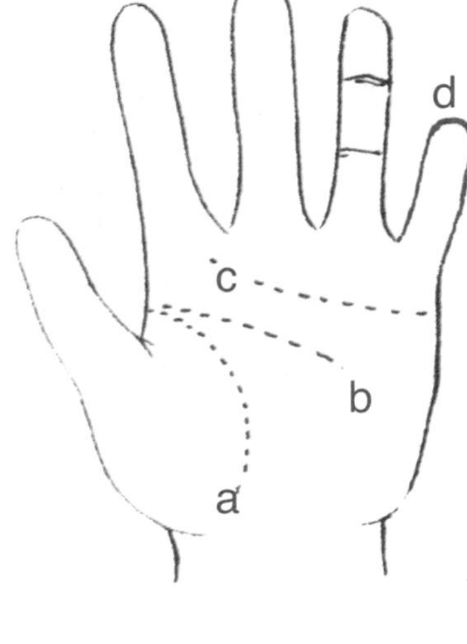

五、小指的長度太過短

小指的長度太過短，就是沒達到無名指第二指節的頂端，表示人際關係緊張，對人的警戒心鬆懈，容易遭到他人的設計，而有不良的影響與結果，特別是在財運方面，常有破財的現象，可以帶尾戒來改善情況。

陸、易有重婚外遇的手相

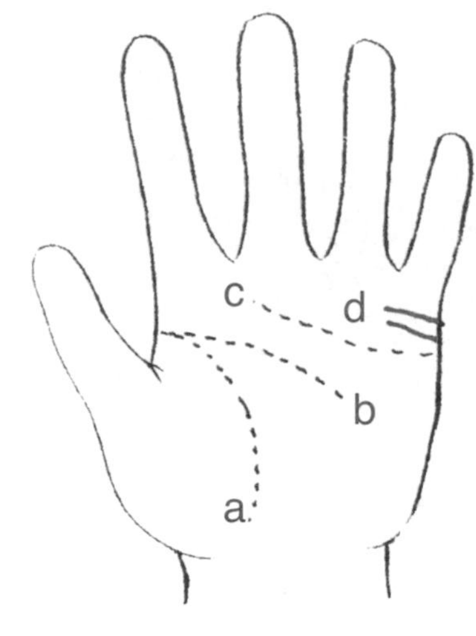

一、兩條平行的婚姻線

兩條平行的婚姻線，表示感情運勢良好，但容易產生困擾，會有同時出現兩個對象，而陷入兩難的選擇，婚姻上，容易有金屋藏嬌的現象，享受齊人之福，女性也是如此，會有共事二夫的可能。

二、尾端分岔的智慧線

智慧線尾端出現分岔，如果分岔越大的話，表示感情生活波動越大，智慧線別名叫做配偶線，表示會希望接觸不同類型的異性，但卻難以下定決心選擇，會跟兩位以上的異性交往，但卻容易產生麻煩、困擾。

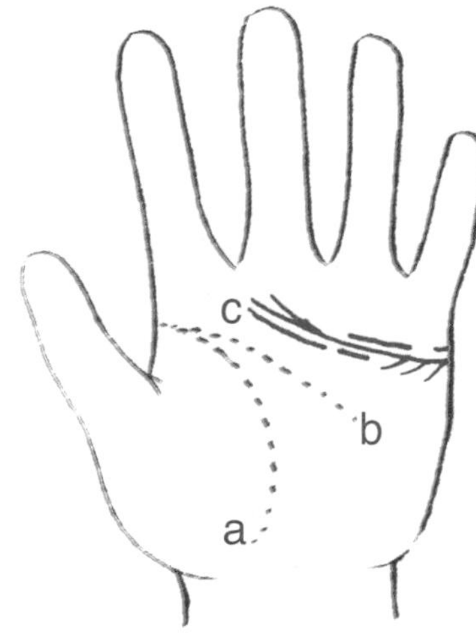

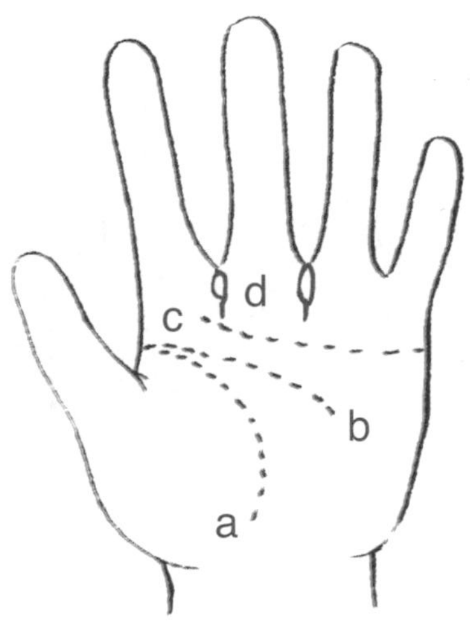

三、斷續但平行的感情線

斷續但平行的感情線，表示為人三心二意、對感情不專注，很容易馬上著迷，也很容易冷淡疏遠，有喜新厭舊的現象，所以會不斷的更換交往對象，在結婚以後，會慢慢疏遠配偶，出外尋求刺激，有婚外情的可能。

四、漏失紋呈現島形狀

漏失紋呈現島形狀，表示錢財不容易存守，有胡亂花費的現象，為人愛排場、好面子，容易成為付帳的冤大頭，在感情方面，會喜歡新鮮感，不停更換對象交往，有追求異性、包二奶，或養小白臉而破財的可能。

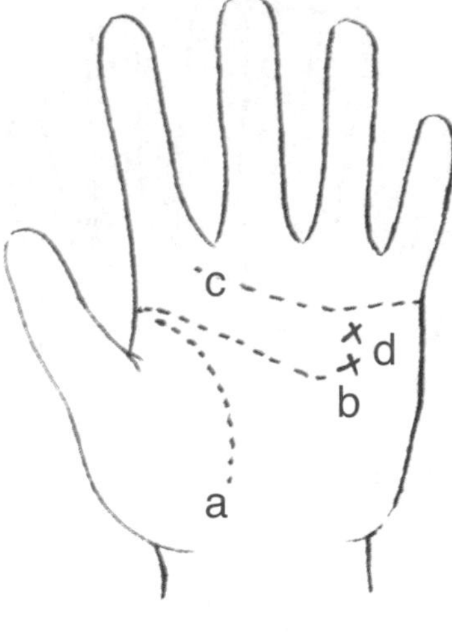

五、手掌兌宮有交叉紋路

手掌兌宮有交叉紋路，就是俗稱的第二火星丘，表示為人性好漁色，不滿足固定的伴侶關係，會向外尋求其他對象，會有包養小老婆、小老公的心態，經濟情況不理想，很容易有桃色糾紛，經常需要花錢消災。

柒、濫桃花朵朵開的手相

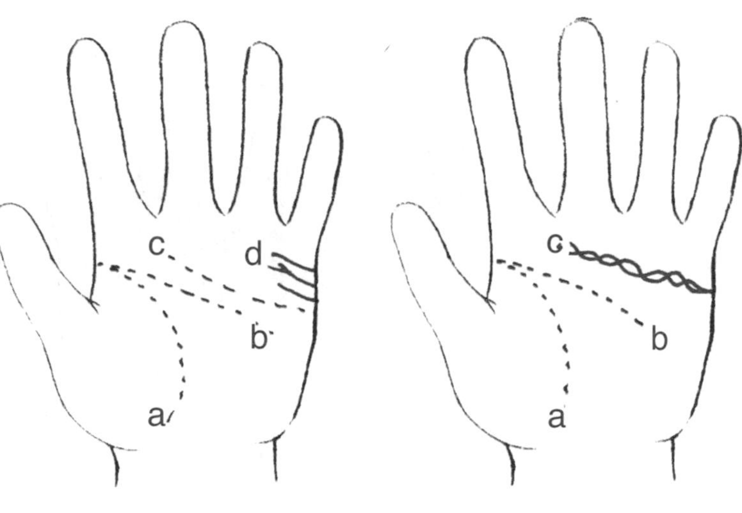

一、鎖鏈形狀的感情線

鎖鏈形狀的感情線，表示為人重視感覺、懂得浪漫氣氛，追求異性很有一套，但卻也容易受異性影響，而顯得有點心煩意亂，帶有神經質的傾向，但由於才華出眾，能吸引眾多異性，是個充滿魅力的人。

二、數條雜亂的婚姻線

數條雜亂的婚姻線，表示感情方面很早熟，很早就跟異性交往，會有早婚的傾向，而本身情感細膩、感情豐富，很懂得跟異性溝通，深獲異性的青睞，婚後多半仍有困擾，容易有第三者介入的情形。

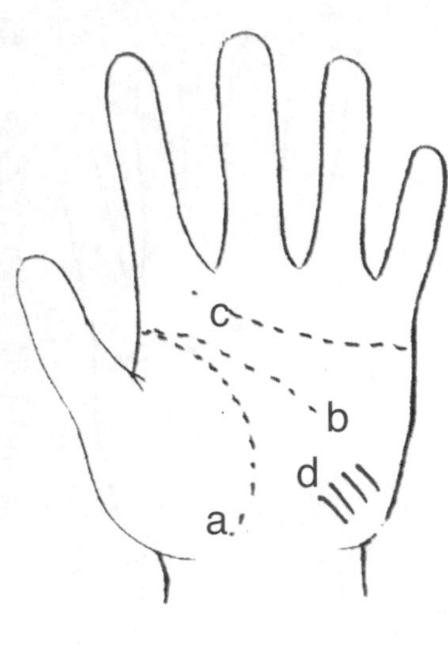

三、太陰丘延伸的事業線

太陰丘延伸的事業線，表示人際關係不錯，事業上可獲得他人幫助，大多是異性的朋友，也因此身邊的桃花不斷，經常有誹聞傳出，但不至於影響工作，反而有助於知名度的提升，但還是要自我節制才好。

四、多重平行的人緣線

多重平行的人緣線，就是在手掌底部旁邊的紋路，表示為人幽默風趣、善於表達，跟人家很好溝通相處，所以在外人緣顯得很好，很適合從事政治公眾的事務，但在感情方面，容易有爭風吃醋的現象。

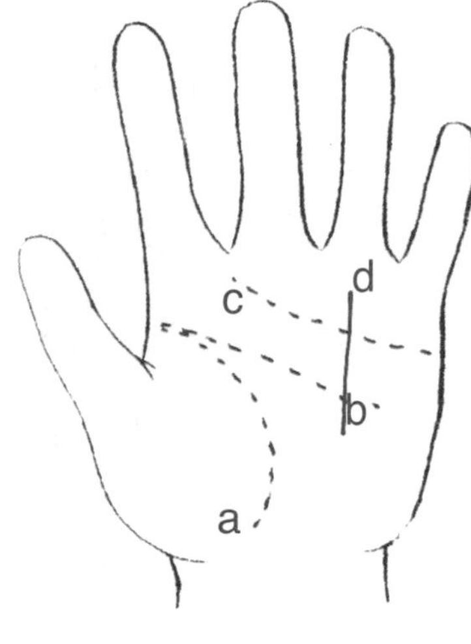

五、深長明顯的太陽線

深長明顯的太陽線，表示個性開朗、懂得分享，不會斤斤計較，想佔人家便宜，反而能夠仗義執言，替朋友解決困難，這讓周遭的異性十分欣賞，會願意親近交往，感情生活多采多姿，將來配偶條件多半很優秀。

捌、易淪為第三者的手相

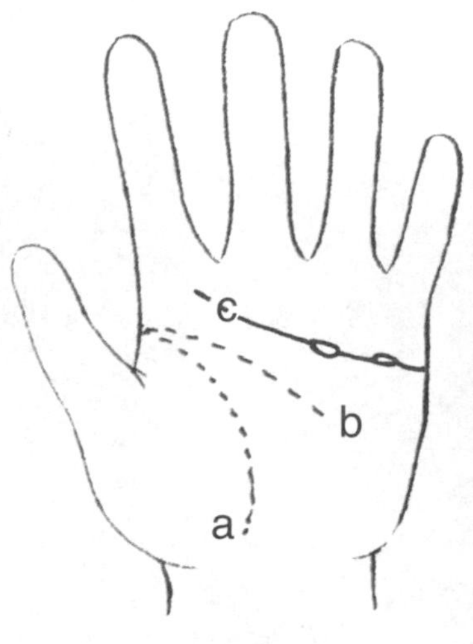

一、出現島紋的感情線

出現島紋的感情線，如果島紋越多的話，那麼次數跟情況越明顯，表示感情的判斷有問題，經常選錯對象，會愛上不該愛的人，通常會破壞別人的家庭，成為別人的第三者，還一直執迷不悟，不願承認錯誤。

二、結婚線跟感情線交叉

結婚線跟感情線交叉，表示感情方面不夠理性，容易產生不倫的戀情，而影響到自己的聲譽，進而讓事業受阻、家庭受害，如果又出現島紋的話，表示情況難以收拾，不太容易處理，恐怕會發生嚴重的後果。

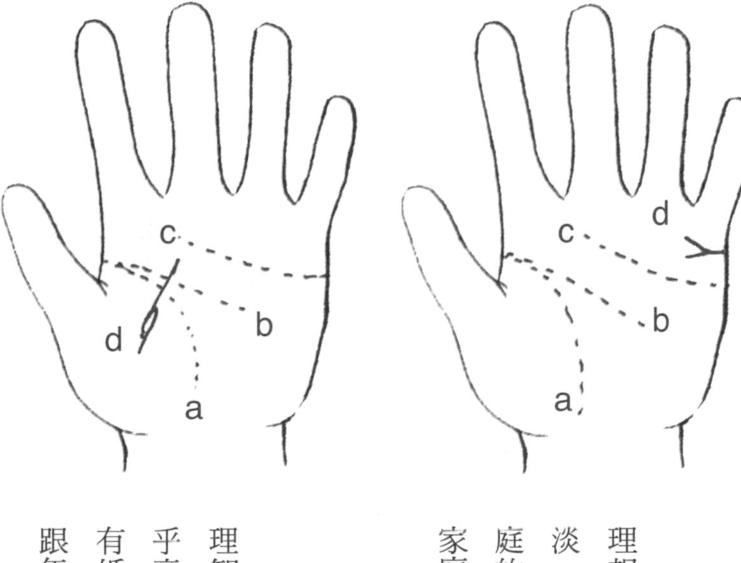

三、結婚線尾端出現分岔

結婚線尾端出現分岔，表示婚姻情況不理想，夫妻雙方感情會疏遠，由親密變成冷淡，導致有一方出軌產生婚外情，而破壞家庭的和諧，或是自己受到誘惑，介入他人的家庭婚姻，造成別人的不幸、創傷。

四、金星丘延伸的事業線

金星丘延伸的事業線，會穿過生命線跟理智線，表示經常跌破他人的眼鏡，會有出乎意料的驚人舉動，像是感情方面，容易會有婚外情，常常是上司跟下屬的關係，或是跟年紀差很多的對象交往。

五、橫紋中斷的事業線

橫紋中斷的事業線，就是事業線被橫紋劃過，而導致中斷的情況，表示感情原本順利，但卻發生變故，使得關係逐漸疏遠，會喜歡上別人的伴侶，雖然往往能搶奪成功，但也可能要付出代價，名譽、事業將會受到影響。

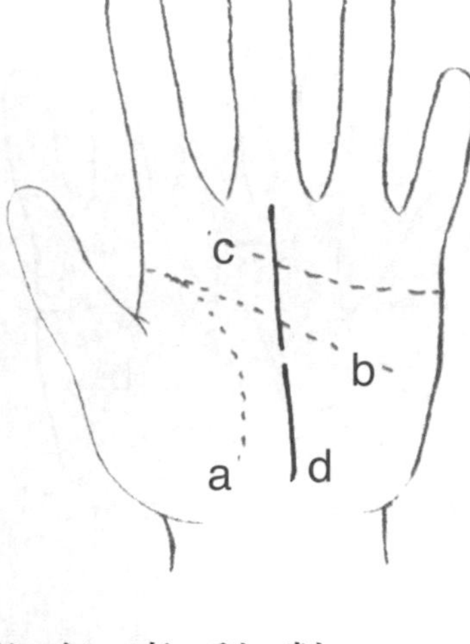

玖、感情一再被騙的手相

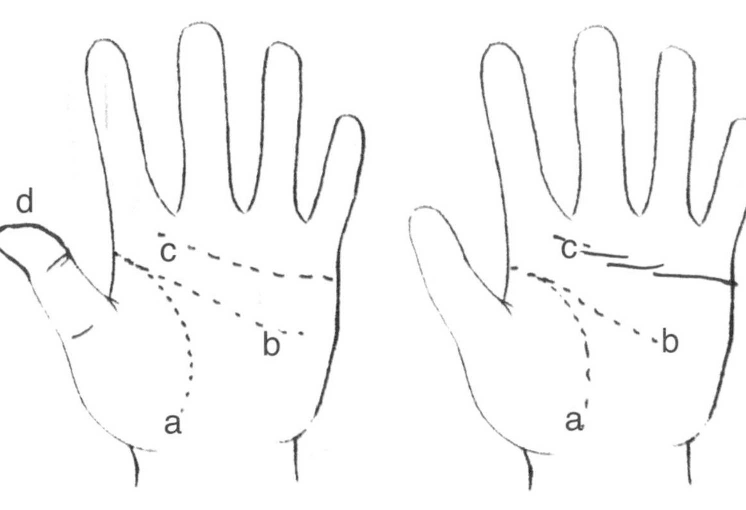

一、呈現階梯的感情線

呈現階梯的感情線，表示感情方面，由於缺乏主見，不懂得選擇伴侶，只是憑感覺而已，很容易遇到愛情的騙子，加上自己依賴心強，容易相信對方的甜言蜜語，所以常常被謊言遮蔽，看不清楚真相為何。

二、拇指柔軟向後翻轉

拇指柔軟向後翻轉，就是拇指的關節柔軟，可以往後彎曲，表示個性喜怒無常，有情緒化的情況，對於感情交往相當重視，會希望對方關心、照顧自己，但由於耳根子軟，容易被對方欺騙，而有傷心、難過的情況。

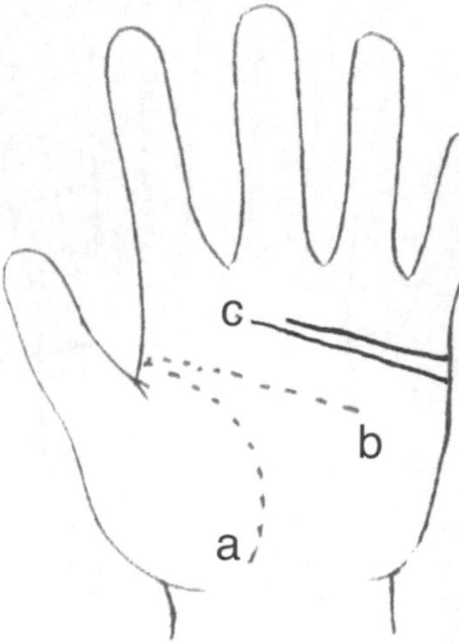

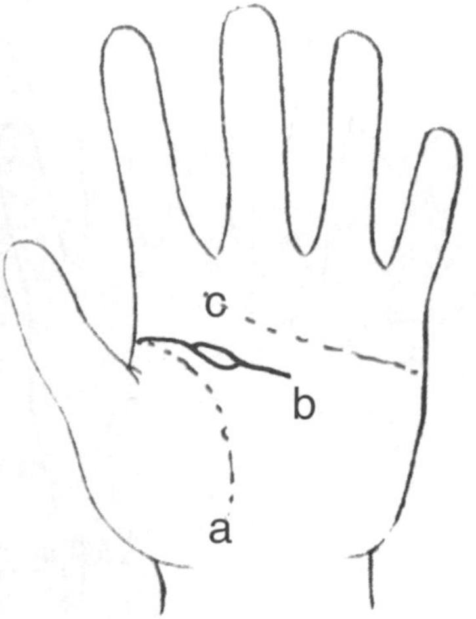

三、智慧線的長度太短

智慧線的長度太短，表示做事容易衝動，不懂深思熟慮，常因此而出問題，感情方面，由於天真單純，沒有什麼防備心，所以容易被伴侶蒙在鼓裡，不知道對方私下在搞鬼作怪，等到驚覺才發現為時已晚。

四、分開的雙重感情線

分開的雙重感情線，表示為人很重感情，不喜歡強迫別人，對於別人的要求會答應，有濫好人的傾向，在感情方面，判斷能力較差，就算知道真相也會心軟，一再原諒對方的行為舉止，而造成自己的感情傷害。

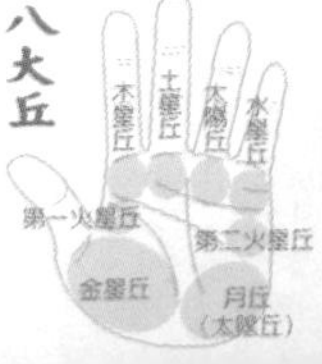

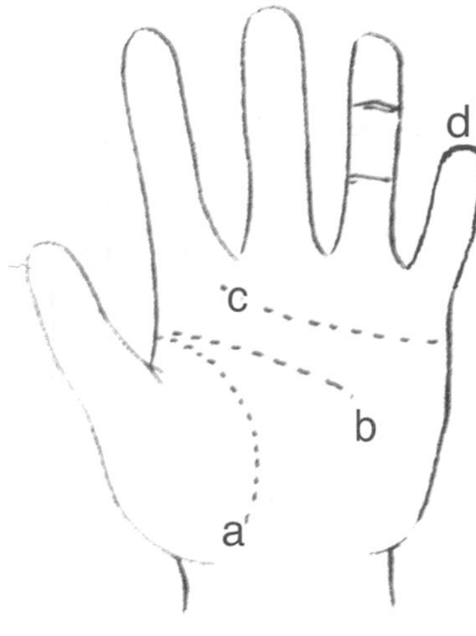

五、軟弱無力的小指頭

軟弱無力的小指頭，表示感情運勢不佳，經常遇到負心的人，而有許多陰影傷害，但是總是學不會教訓，對於他人的誘惑無法抵擋，陷入對方的溫柔的圈套，而顯得執迷不悟，造成人財兩失的局面。

拾、天生奔波勞碌的手相

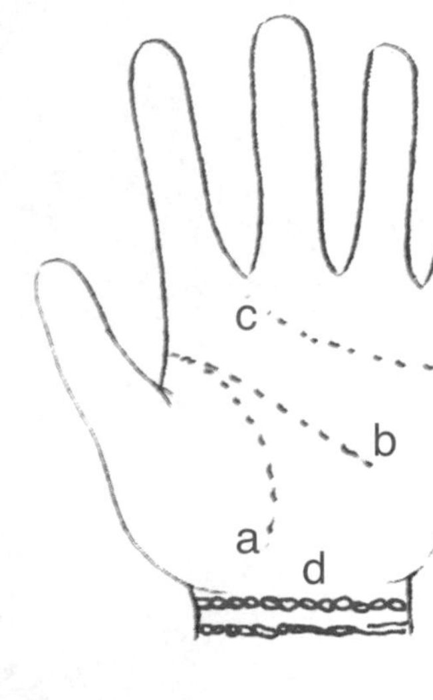

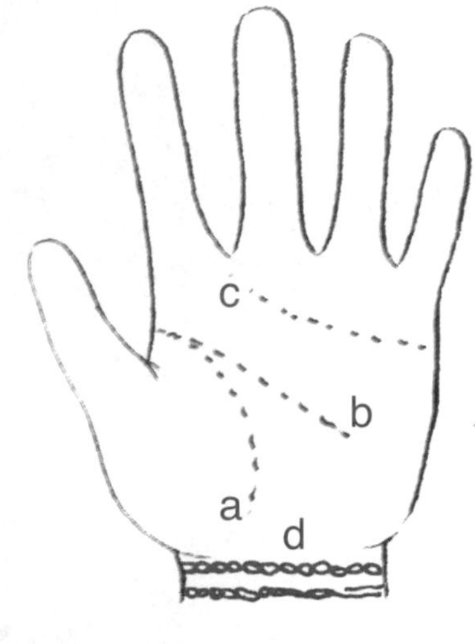

一、手腕線有如鎖鏈

手腕線有如鎖鏈，就是手腕上的三條紋路，呈現鎖鏈的形狀，表示為人沉迷物質、喜歡享受，經常需要錢來花用，但收入總是不夠支出，所以必須到處奔波，努力拚命的賺錢，所以有操勞的傾向，而且不善於理財投資。

二、金星丘網狀紋路深刻

金星丘網狀紋路深刻，就是生命線內的區域，若網狀紋路遍佈，表示大小事情都事必躬親，不喜歡假手他人來處理，但是由於缺乏目標計畫，顯得有點無頭蒼蠅的感覺，不太能夠有效率的執行，隨著成就感越低而越忙碌。

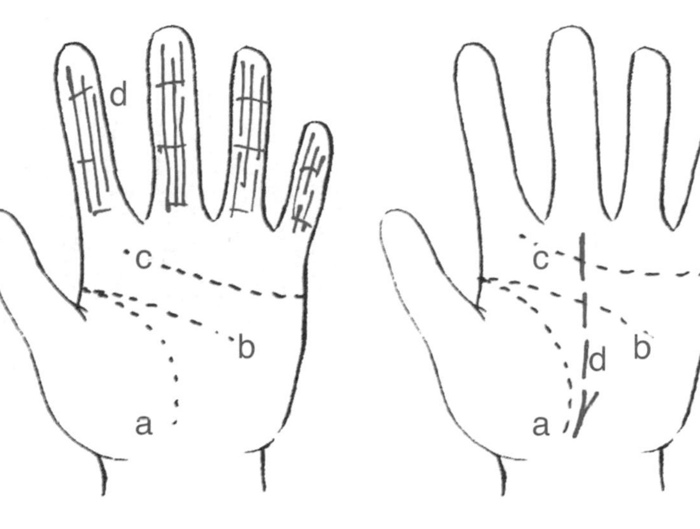

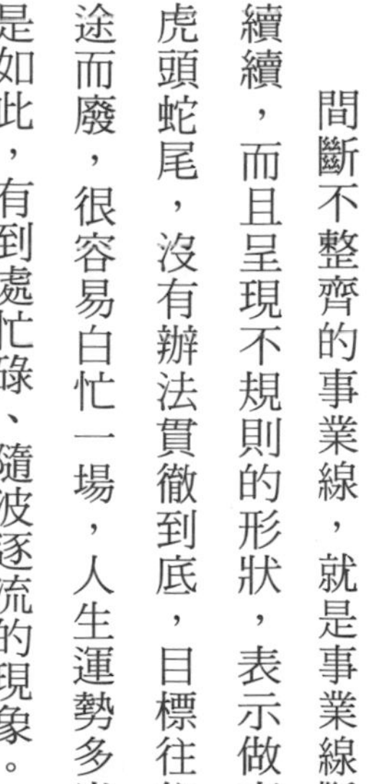

三、間斷不整齊的事業線

間斷不整齊的事業線，就是事業線斷斷續續，而且呈現不規則的形狀，表示做事情虎頭蛇尾，沒有辦法貫徹到底，目標往往半途而廢，很容易白忙一場，人生運勢多半也是如此，有到處忙碌、隨波逐流的現象。

四、手指頭直紋眾多

手指頭直紋眾多，就是除了拇指之外，其他的手指頭有如此的現象，表示為人操心勞累，但是收穫卻很少，自己比較缺乏遠見，只見到眼前的利益，而整日拚命追逐的結果，卻沒有長久的成效可言，晚年會比較辛苦。

五、太陽線眾多且有分岔

太陽線眾多且有分岔，就是太陽線支線眾多，而且底部有許多分岔，表示興趣很廣泛、學習意願高，但是往往三分鐘熱度，缺乏耐性貫徹到底，看起來什麼都會，具有嘗試冒險的精神，但卻僅僅懂得皮毛而已。

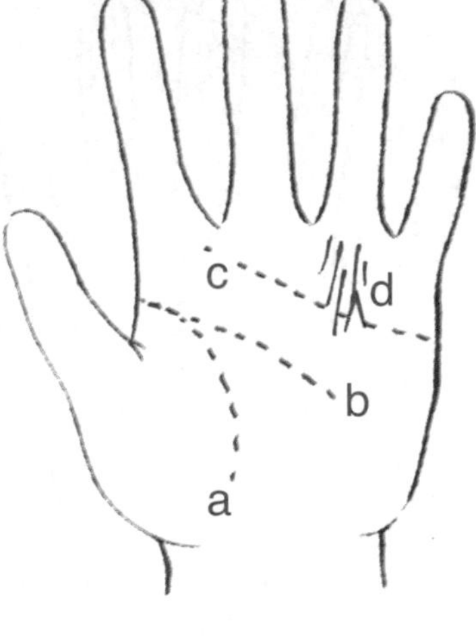

拾壹、情場獵豔得意的手相

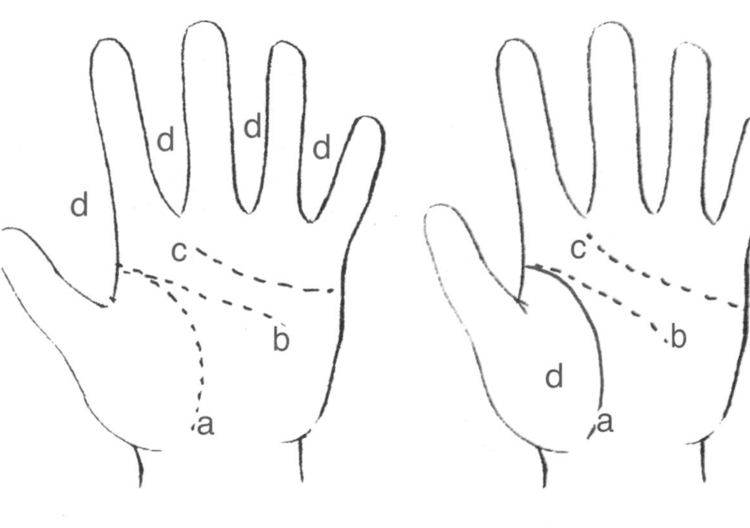

一、深刻的生命線與發達的金星丘

深刻的生命線表示健康良好、體能旺盛，人生態度比較積極，對自己充滿自信心，加上金星丘發達，表示感情路上，會勇往直前，不怕困難，會克服障礙跟難關，而擄獲對方的歡心。

二、手指頭能順利伸展張開

手指頭能順利伸展張開，而且幅度張得越大的話，表示為人爽快大方、熱情而有活力，對於異性會主動認識搭訕，來增加對方的好印象，並等待適當的時機進攻，常常能出奇不意，突破對方的心防。

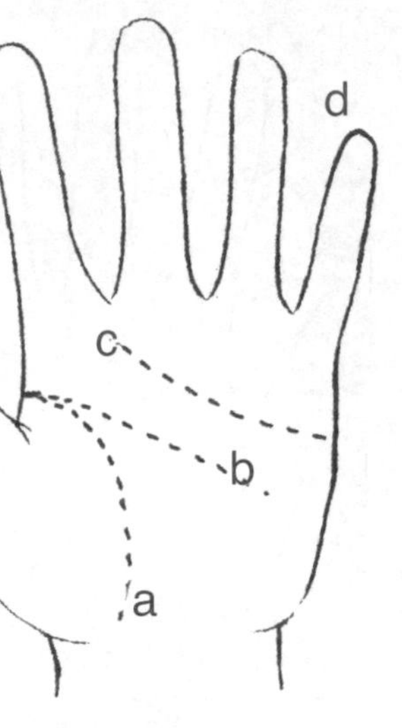

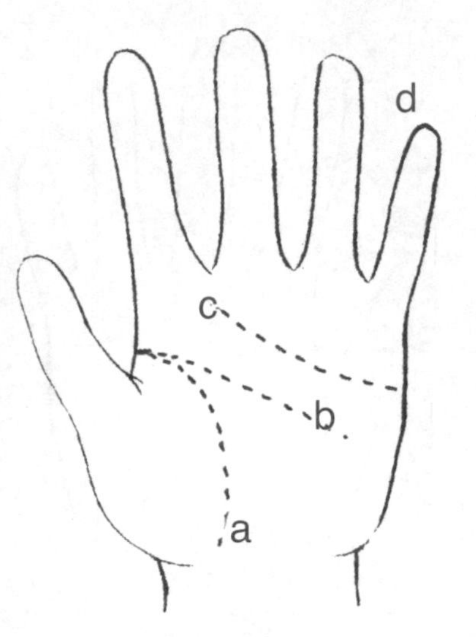

三、有支線向上的感情線

有支線向上的感情線，表示對於感情很重視，會積極尋找伴侶，若婚姻線也有支線朝上的話，那麼態度會更堅決，對於喜歡的異性，會拚命纏著對方，直到對方點頭答應為止，過程雖然略有波折，但結果是愉快的。

四、漂亮優美的小指頭

漂亮優美的小指頭，就是小指頭長且不見關節突出，表示為人口才犀利、能言善道，能運用手段來討好對方，主動讓對方產生好感，所以情場上無往不利，感情生活多采多姿，是懂得享受戀愛情趣的人。

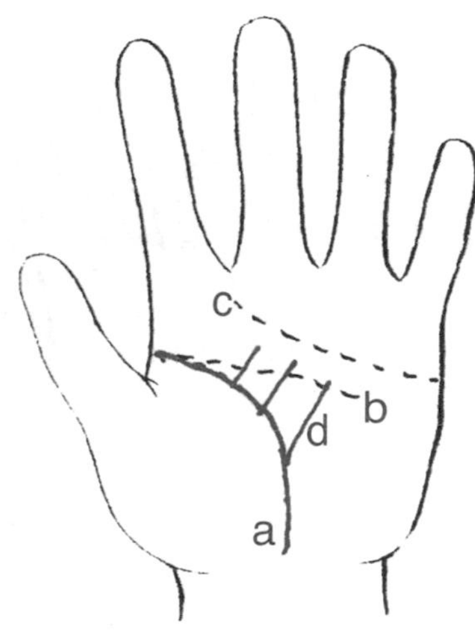

五、生命線的支線朝上

生命線的支線朝上，就是生命線長出許多紋路，但方向是朝上的，表示為人雖然遭遇挫折，但意志力非常堅定，不會輕易灰心喪志，在感情方面，能勇敢面對逆境，去爭取摯愛的認同，通常能有好的結果。

拾貳、孤家不易成雙的手相

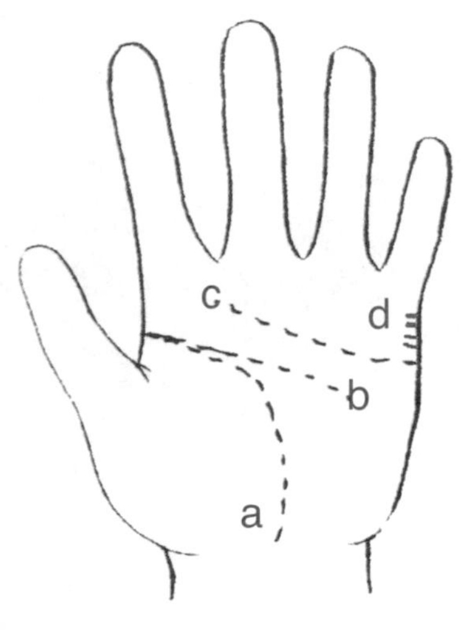

一、微弱不明顯的結婚線

微弱不明顯的結婚線，就是看不見結婚線，或是紋路不明顯，表示感情方面，因身邊環境的關係，以致於機會很少，或是異性緣較差，沒辦法找到合適伴侶，通常只能等待時機，或是透過他人介紹或相親。

二、複雜錯亂的結婚線

複雜錯亂的結婚線，就是結婚線非常多，但有點雜亂的情況，表示談戀愛的機會多，很容易遇到異性，相處溝通不是問題，但是心態上比較浮動，比較不懂如此選擇，經常跟許多異性交往，但卻不太想結婚安定下來。

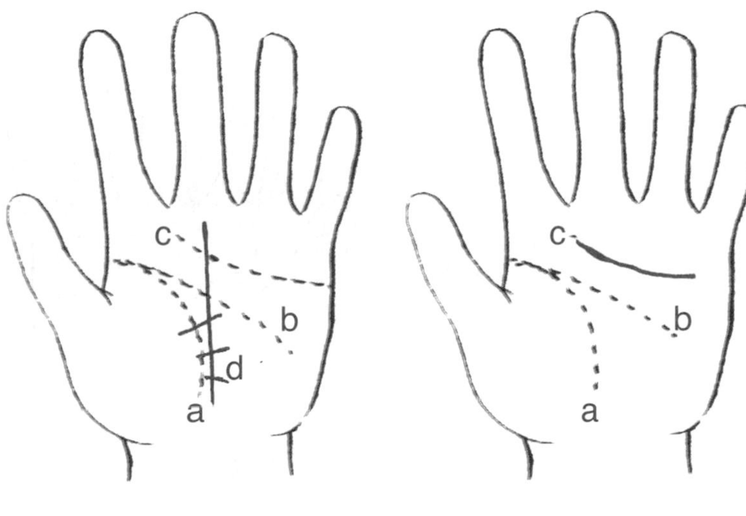

三、不牢靠穩固的感情線

不牢靠穩固的感情線，就是前後端都不靠掌邊，而且有斷斷續續的情況，表示對感情不太相信，有遊戲人間的心態，對於異性通常來者不拒，有濫情的現象，有時候會傷害到自己，而變得孤獨、封閉起來。

四、雜紋劃過的事業線

雜紋劃過的事業線，就是出現在事業線上的橫紋，表示一次戀愛的紀錄，若越多的話，表示感情生活越複雜頻繁，但通常無法安定下來，只是短暫的擦出火花，很容易分手而離異，一直沒有開花結果。

五、雜亂且突起的手腕線

雜亂且突起的手腕線，就是手腕線中間有突起，且紋路顯得雜亂或鎖鏈紋，表示個性比較孤僻，不太容易相處，平常很少跟人來往，感情方面，跟對方欠缺溝通橋樑，彼此容易觀念不合，而無法長久結合，有中途離異的可能。

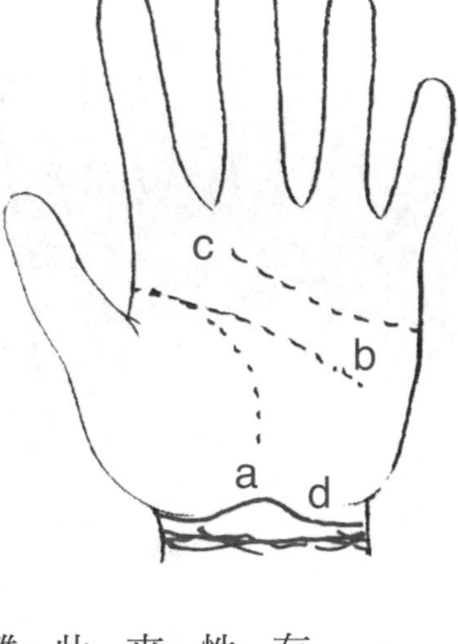

拾參、從事玄學領域的手相

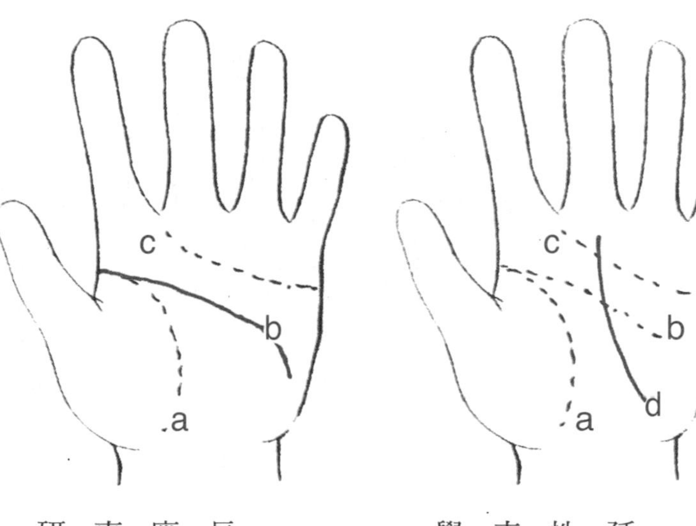

一、太陰丘延伸的事業線

太陰丘延伸的事業線，就是紋路從太陰丘延伸至中指，表示人際關係良好，特別是跟異性朋友，往往能夠得到實質幫助，再者，也代表頭腦聰穎、悟性較高，很適合從事宗教、玄學或神秘事物的研究，將會有不錯的成果。

二、橫長但下垂的理智線

橫長但下垂的理智線，就是理智線延伸很長，但尾端部分卻往下垂，表示腦筋靈活、反應靈敏，不喜歡現實的人、事、物，但對神秘事物有高度興趣，想像力特別的豐富，若深入研究的話，會有驚人的發現與成就。

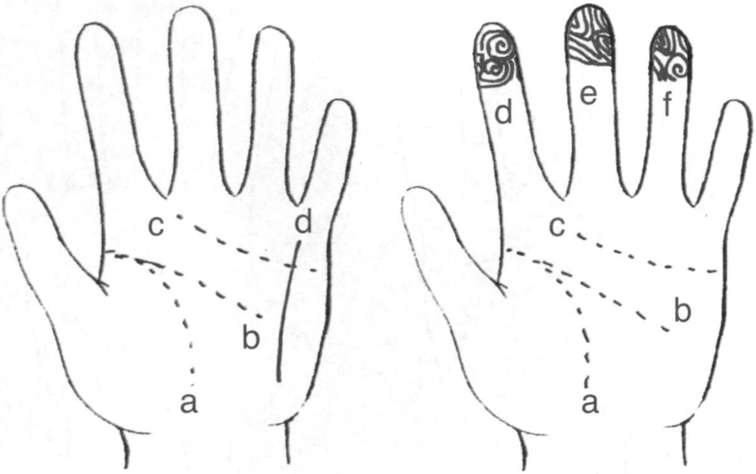

三、手指頭出現陰陽指紋

手指頭出現陰陽指紋，就是指紋出現兩個羅紋，或是兩個箕紋，或是一羅一箕的紋路，表示天生對宗教、玄學有興趣，能受感應到不同的磁場，擁有過人的直覺反應，若加以開發的話，能帶來很大的成就。

四、手掌邊出現的直覺紋

手掌邊出現的直覺紋，就是在太陰丘跟小指之間有直紋出現，表示神經反應相當敏感，可以跟無形事物有所溝通，並且對於未來的趨勢，能有預告的能力，很適合學習玄學，或是親近宗教、專心修道。

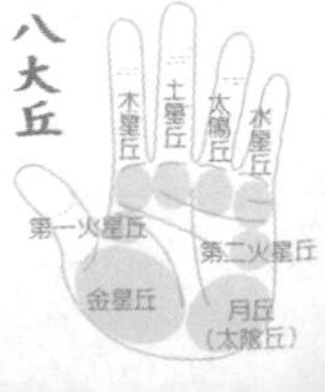

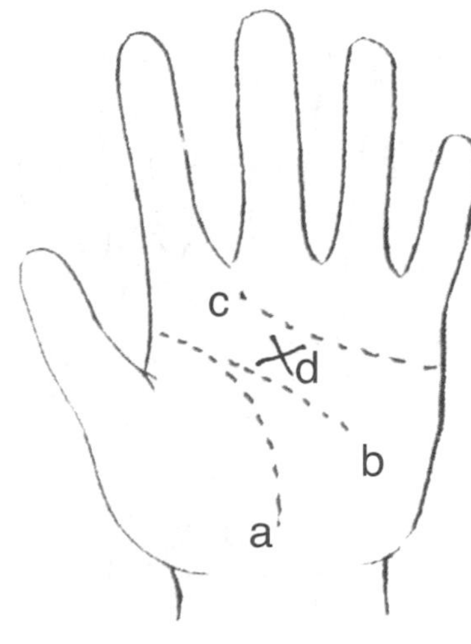

五、手掌心有十字紋出現

手掌心有十字紋出現，就是在掌心中間有十字紋路出現，表示為人喜歡神秘事物，而且有濃厚的研究興趣，本身的靈感直覺也相當發達，很適合從事命理、宗教方面的服務事業，學起來將特別有心得。

拾肆、夫妻聚少離多的手相

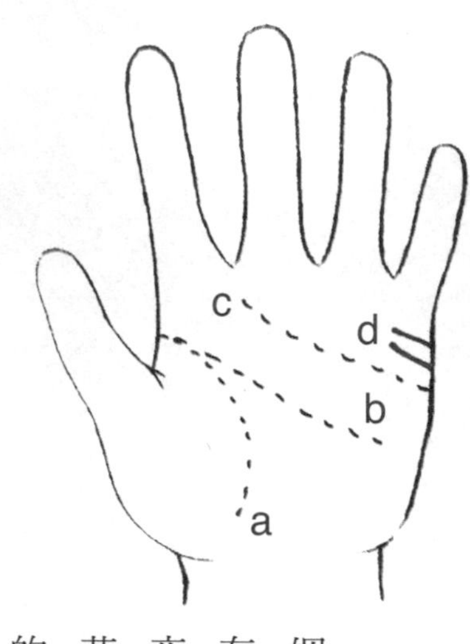

一、平行但相隔的結婚線

平行但相隔的結婚線，就是兩條平行的婚姻線，表示會因為外在環境的影響，使得夫妻有聚少離多的現象，很少能在一起吃飯、過夜，感情會逐漸疏遠冷淡，導致破裂的可能，若是有相連的情況，則表示有大小老婆（老公）的情況。

二、尾端翹起的生命線

尾端翹起的生命線，表示個性外向活潑，不喜歡待在家裡，整天在外面遊蕩，尋求新鮮跟刺激感，常常因此忽略了另一半，或是因為事業工作忙碌，需要到處出差洽商，使得回家的次數減少，而讓配偶獨守空閨。

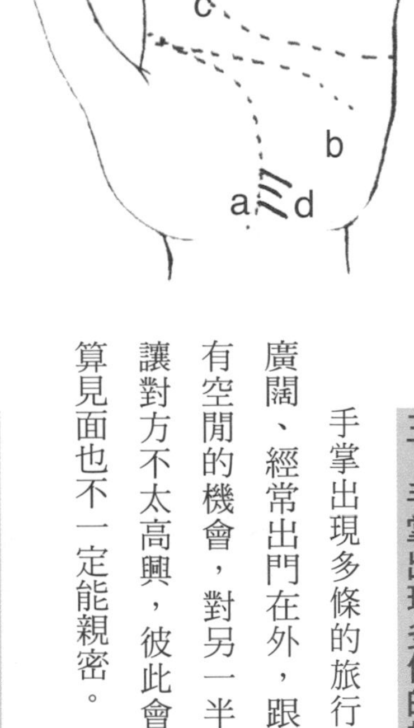

三、手掌出現多條的旅行線

手掌出現多條的旅行線，表示本身交友廣闊、經常出門在外，跟人交際應酬，很少有空間的機會，對另一半態度比較冷淡，會讓對方不太高興，彼此會有溝通的問題，就算見面也不一定能親密。

四、中指跟無名指間距過大

中指跟無名指間距過大，就是張開或併攏的時候，產生較大的縫隙或距離，表示彼此的緣分薄弱，很勉強才能在一起，就算結婚的話，由於種種的因素，讓彼此很少見面，親密感情培養不易，會有出現怨偶的情況。

五、感情線的位置過低

感情線的位置過低，就是偏向於手掌的中線，表示異性緣較差，跟對方相處溝通有問題，需要花許多時間協調，或是事業心較重，全心全意投入工作當中，卻忽略了婚姻跟家庭，跟配偶或家人容易產生隔閡。

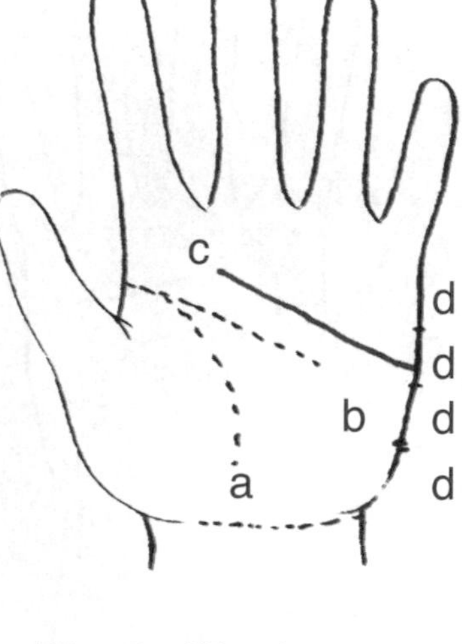

拾伍、深情反轉恨意的手相

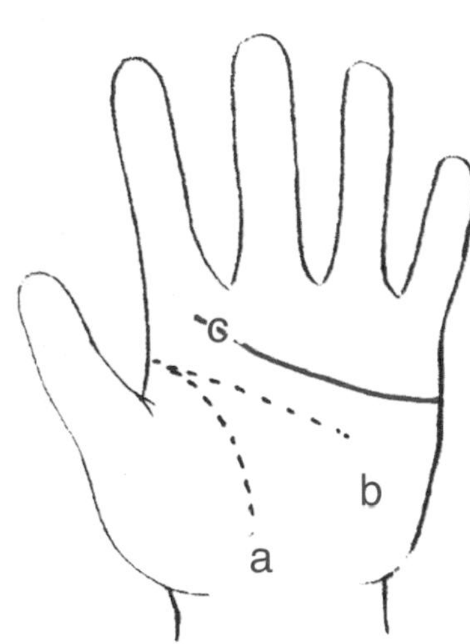

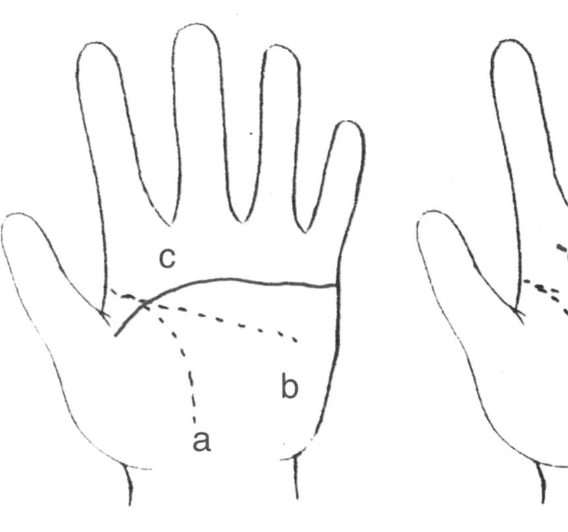

一、延伸到掌邊的感情線

延伸到掌邊的感情線，表示為人很重視感情，而且有執著、頑固的現象，旁人的勸導聽不進去，容易為了小事情而吵鬧，弄得氣氛十分尷尬，另一半若受不了的話，很可能另尋新歡交往，造成感情的嚴重破裂。

二、尾端部分下垂的感情線

尾端部分下垂的感情線，而且長度也顯得較長，表示忌妒心態強，對於感情十分執著，充滿了佔有慾，如果對方有一絲風吹草動，或是實際的出軌舉動的話，將會鬧得死去活來，甚至不惜和對方玉石俱焚。

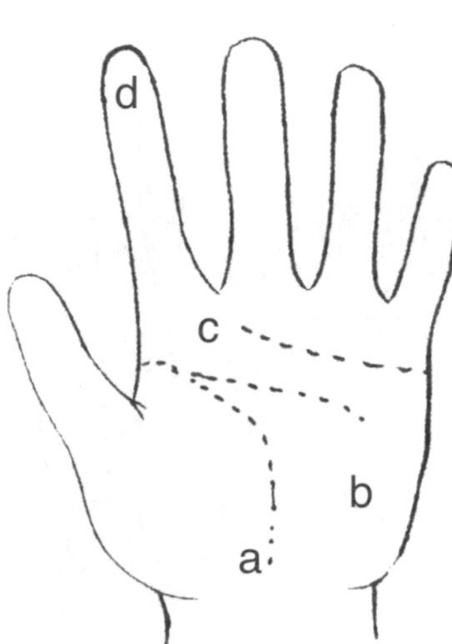

三、手指頭當中食指較長

手指頭當中食指較長，表示非常有主見，自我意識強烈，不容許對方外遇出軌，或是跟其他人有曖昧的關係，常常喜歡指揮另一半，並且相當的堅持己見，讓對方覺得不堪其擾，會有想分手的念頭，但卻不太敢說出口。

四、生命線的位置較高

生命線的位置較高，就是開頭部分接近食指下方，表示為人作風強勢，有好勝的心態，對於感情不容許瑕疵，會有嚴重吃醋的情況，絕不容許其他人介入，對方會因為威嚴而屈就，不太敢當面反抗辯駁。

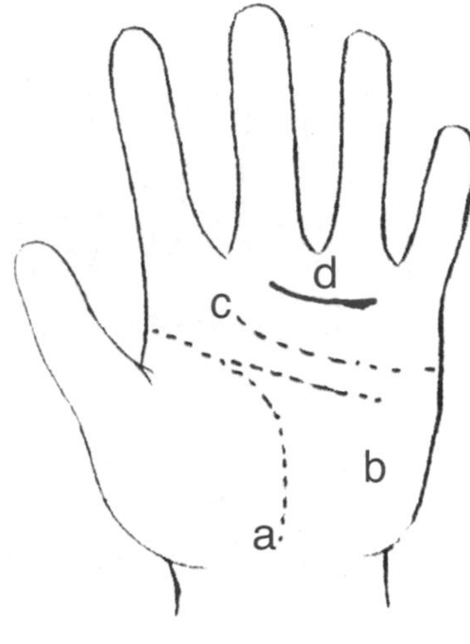

五、完整且清晰的金星帶

完整且清晰的金星帶，一般人的金星帶較不清晰完整，表示對感情不是很執著，反之，則對感情的態度極端，不容許第三者介入分享，會採取極端的報復手段，愛之令其生、惡之令其死。

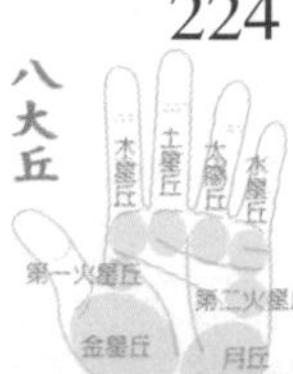

拾陸、容易想不開而輕生的手相

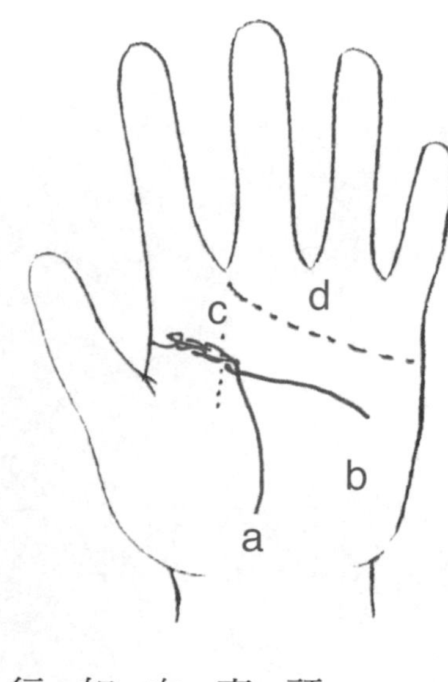

一、生命線跟理智線連結交錯

生命線跟理智線連結交錯，就是兩者開頭相連且紋路交錯，表示個性比較保守，凡事容易猶豫，在人際關係上，有孤僻的傾向，凡事會悲觀看待，有鑽牛角尖的現象，如果遭受意外打擊的話，很可能會有衝動的行為。

二、彎曲且過長的智慧線

彎曲且過長的智慧線，就是尾端部分有偏向生命線的情況，表示為人想像力豐富，但有點不切實際，比較沉迷虛幻的事物，往往會搞不清楚跟現實的差別，很容易遇到挫折失敗，就有自尋煩惱的現象。

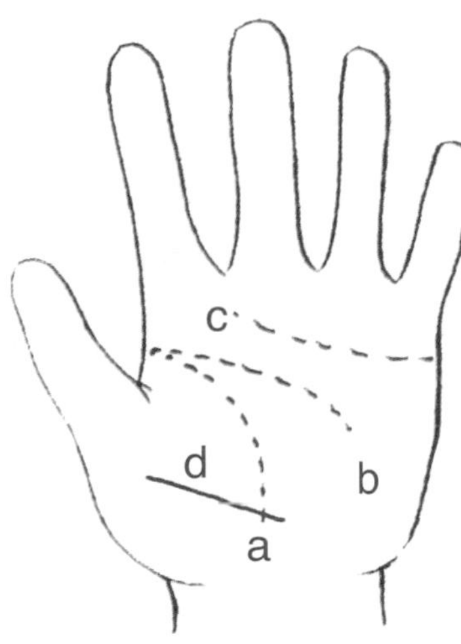

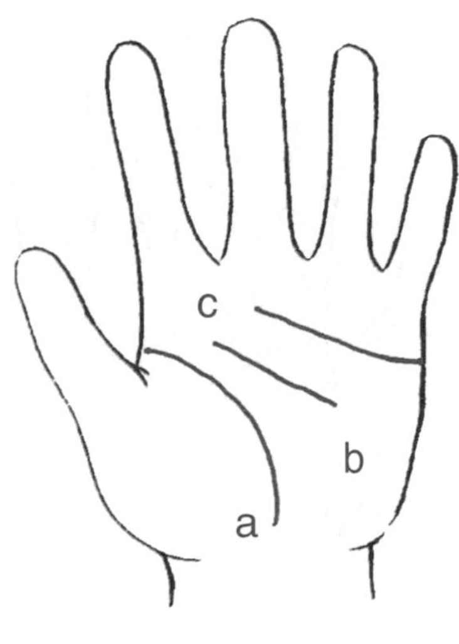

三、生命線上有橫紋劃過

生命線上有橫紋劃過，表示在現實生活中，發生很多不如意的事，特別是環境改變所造成的影響，情緒常常顯得低落，沒辦法重新振作，若人際關係又糟糕的話，那麼想不開的機會就大增，需要有人從旁關照。

四、掌中主線呈現川字紋

掌中主線呈現川字紋，就表示個性比較暴躁，凡事容易衝動，跟別人相處的時候，言語比較直來直往，很容易無形中傷到人，而產生糾紛、煩惱，在感情方面，有任性的傾向，會藉著要輕生的戲碼，來當作要脅的手段，不是真的想不開。

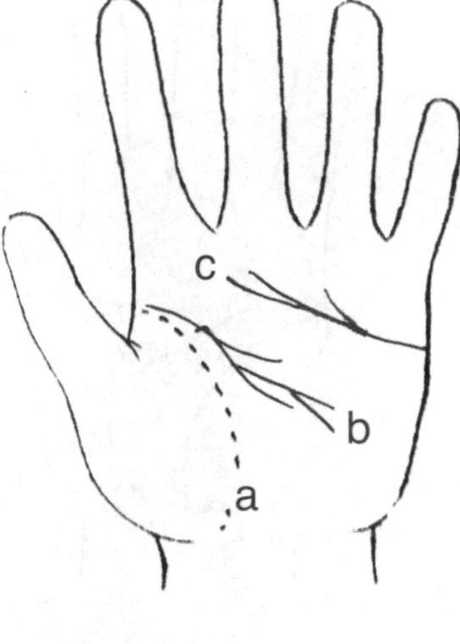

五、感情線與理智線分岔雜亂

感情線與理智線分岔雜亂，就是兩條線出現許多分岔支線，表示個性比較浮動，不太容易安定，情緒起伏變化快，若遇到困難不能解決，有逃避現實的傾向，不喜歡接受他人的幫助，若鬱卒痛苦的話，將會有厭倦人世的念頭。

拾柒、聲色犬馬燈紅酒綠的手相

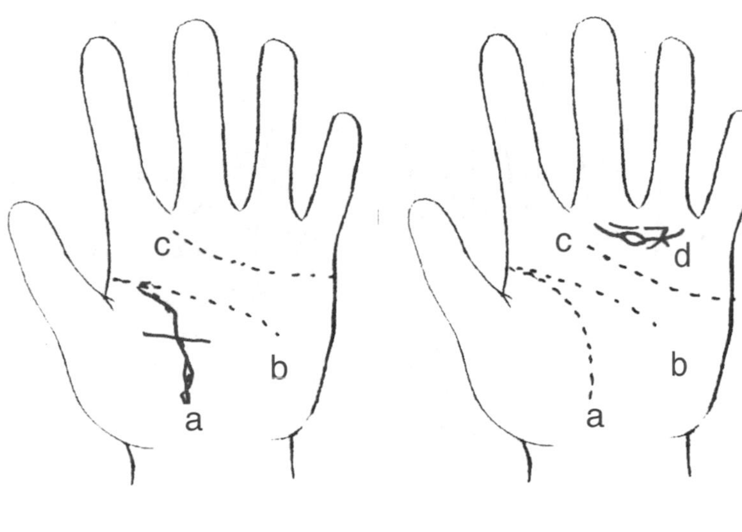

一、手掌中出現縱慾紋

手掌中出現縱慾紋，就是在手掌的下方處，有一道圓弧形紋路，表示意志力較不堅定，容易受到環境影響，對於是非對錯的觀念薄弱，有縱情聲色、沉迷物慾的現象，如果不加以檢點節制，恐怕會因此身敗名裂、傾家當產。

二、紋路雜亂的金星帶

紋路雜亂的金星帶，就是金星帶有雜紋交錯，或是有島紋出現，表示行事不腳踏實地，有作白日夢的傾向，會喜歡虛幻不實的事物，不懂得努力求取上進，容易被物質給迷惑，特別是感情方面，有好色淫亂的可能。

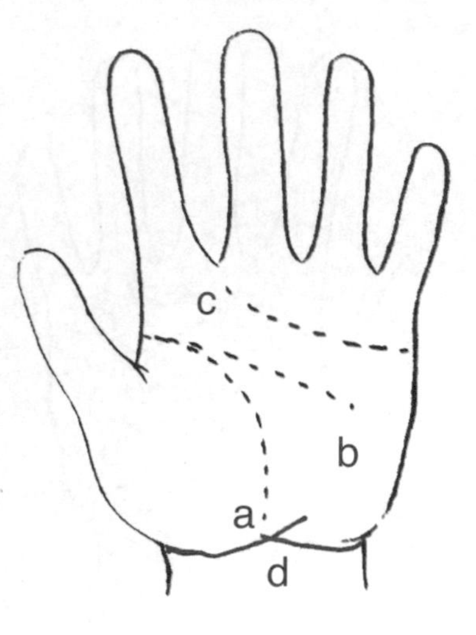

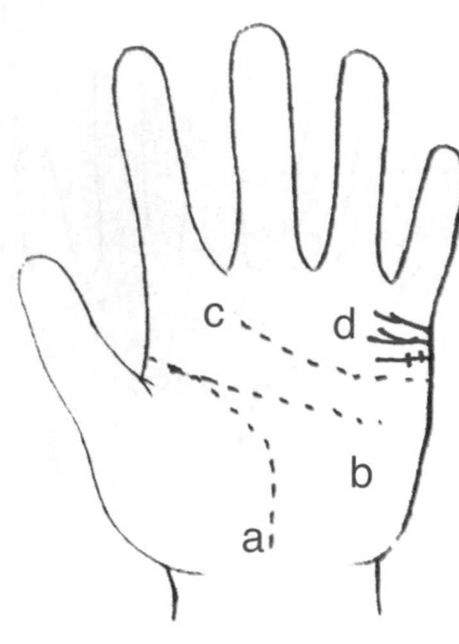

三、雜亂無章的結婚線

雜亂無章的結婚線，就是有數條結婚線，可是卻顯得雜亂不整齊，表示為人不重視忠貞，感情方面流於隨便，男女的交往關係複雜，通常會因此惹上桃色糾紛，結婚後，婚姻生活多半不理想，有中途離異的可能。

四、呈現交叉的手腕線

呈現交叉的手腕線，就是手腕線中間有交叉的現象，表示個性比較浪蕩，不喜歡受約束，態度不成熟穩重，對於感情不能專一，有遊戲人間的心態，而身體方面，會有隱疾的可能，尤其是生殖系統方面。

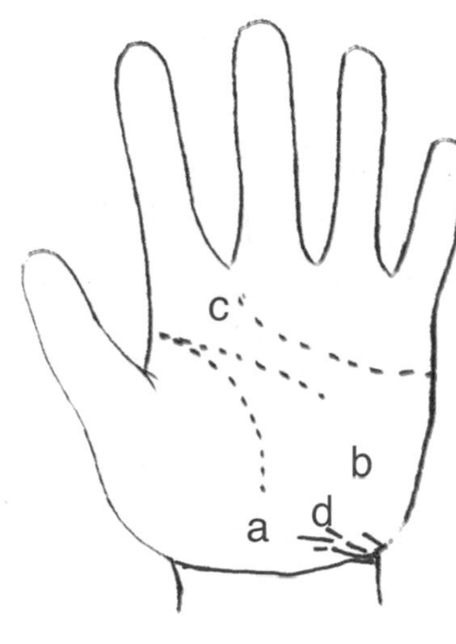

五、斷續不整的桃花紋

斷續不整的桃花紋，就是手腕線上方的細橫紋，表示感情生活複雜，交往關係浮濫，經常更換伴侶，有一夜情的傾向，由於沉迷酒色，喜歡夜生活，身體狀況往往不太理想，機能有加速老化的現象。

拾捌、溫柔殷勤的新好男人的手相

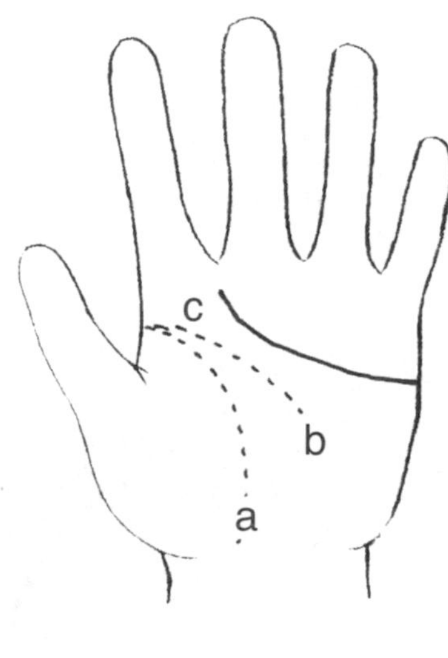

一、完整且彎曲的感情線

完整且彎曲的感情線，就是形狀沒有缺損破壞，而且尾端部分朝上彎曲，表示個性溫和、態度體貼，為人很重視感情，尊重另一半的想法，什麼事情會忍耐寬容，是個充滿責任感的人，會好好照顧顧配偶及家庭。

二、深長而明顯的手腕線

深長而明顯的手腕線，就是手腕線形狀很整齊，沒有島紋或鎖鏈的缺損，表示頭腦清晰、充滿魄力，做事情有條有理，能按部就班完成，婚姻方面，配偶的條件不錯，可以有幫夫運，本身對配偶跟家庭也會付出照顧。

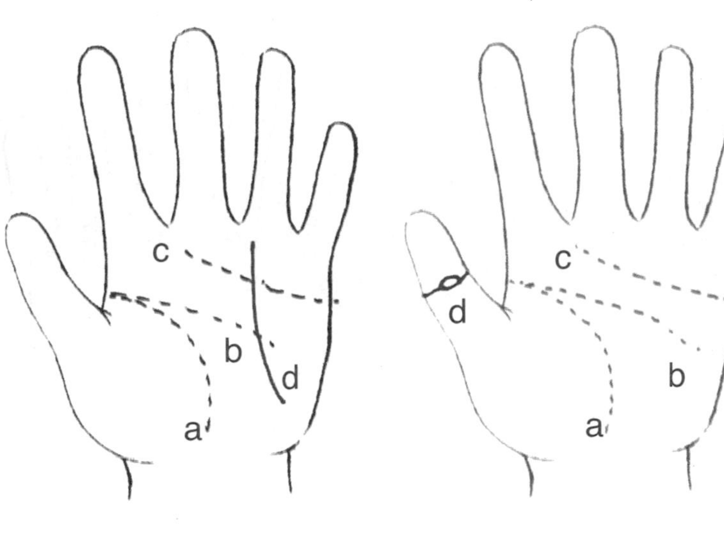

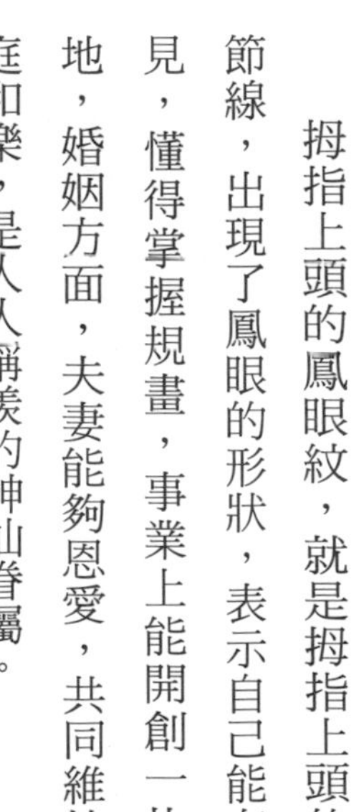

三、拇指上頭的鳳眼紋

拇指上頭的鳳眼紋，就是拇指上頭的分節線，出現了鳳眼的形狀，表示自己能有主見，懂得掌握規畫，事業上能開創一片天地，婚姻方面，夫妻能夠恩愛，共同維持家庭和樂，是人人稱羨的神仙眷屬。

四、太陰丘延伸的太陽線

太陰丘延伸的太陽線，表示懂得替人著想，不會太自私自利，人際關係非常良好，感情方面，會遇到條件不錯，各方面都能配合的伴侶，彼此能夠長相廝守，自己會無怨無悔的付出，關心照顧另一半與家庭。

五、手掌的丘位飽厚實

手掌的丘位飽厚實，就是福祿壽的三個丘位，沒有受到任何損傷，形狀隆起且飽滿，表示人生運勢平順，家庭背景安康，能夠立下良好基礎，將來事業的發展不錯，婚姻能得到好伴侶，彼此能夠互相恩愛。

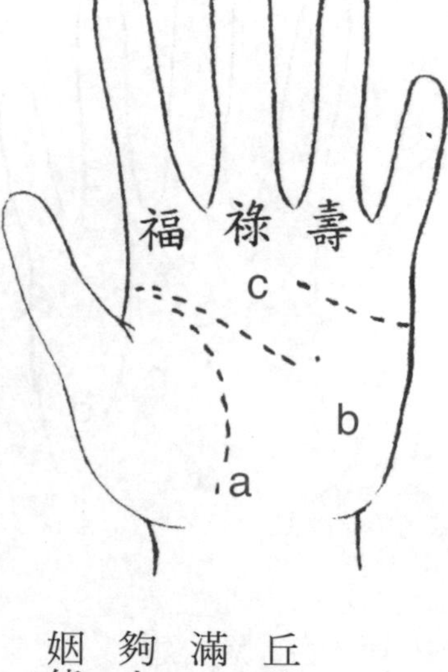

拾玖、縱橫職場的天王天后的手相

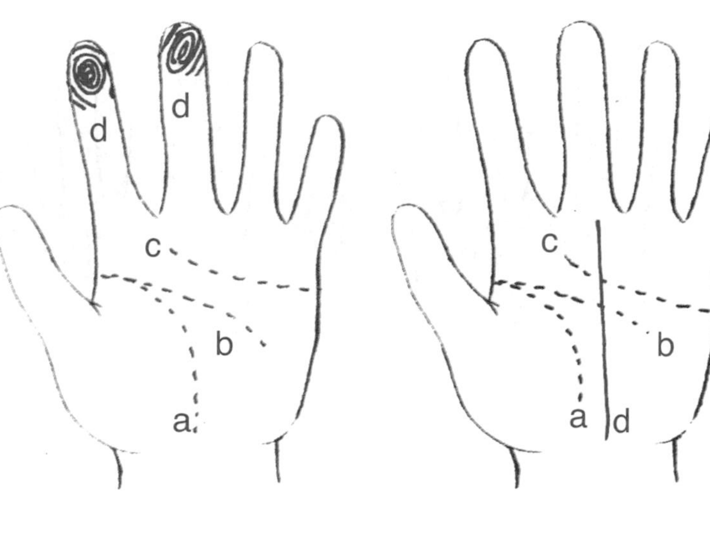

一、一柱擎天的事業線

一柱擎天的事業線，就是形狀完整沒缺損，筆直清晰的事業線，表示意志力堅強，能勇往直前，不怕任何阻礙，會盡全力克服，由於不甘願屈就仁厚，往往有自行創業的可能，企圖心非常明顯，是職場的常勝軍。

二、指頭紋路皆為羅紋

指頭紋路皆為羅紋，表示為人很有企圖心，會想爭取機會表現，很在意工作效率，會盡心盡力投入，賣命的達成目標，有時甚至忘記要休息，造成身體很大的負擔，但職場成果往往豐碩，能替公司帶來許多利益。

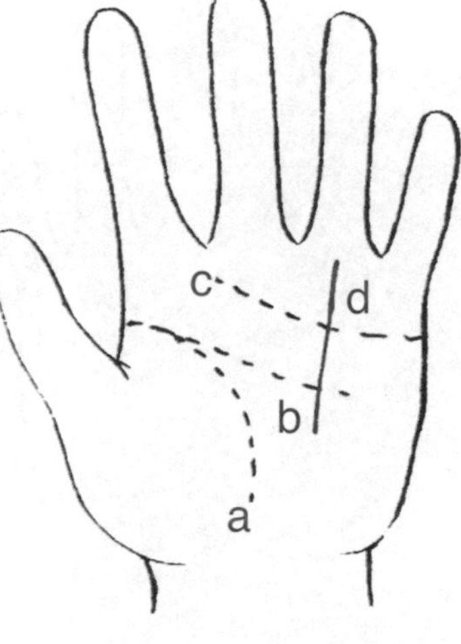

三、明顯清晰的太陽線

明顯清晰的太陽線，就是在無名指下方的直紋，表示為人大方開朗、個性樂觀，懂得交際手腕，出外人緣良好，事業能有所進展，就算中途遭遇阻礙困難，也會有人從旁幫忙協助，讓一切問題能迎刃而解。

四、尾端上翹的理智線

尾端上翹的理智線，就是尾端部分朝上指頭彎曲，表示腦筋優秀、精明能幹，凡事精打細算，能有良好績效，但是有時因為太重視事業，而忽略了人情的考量，容易有人際糾紛產生，這是需要改善的地方。

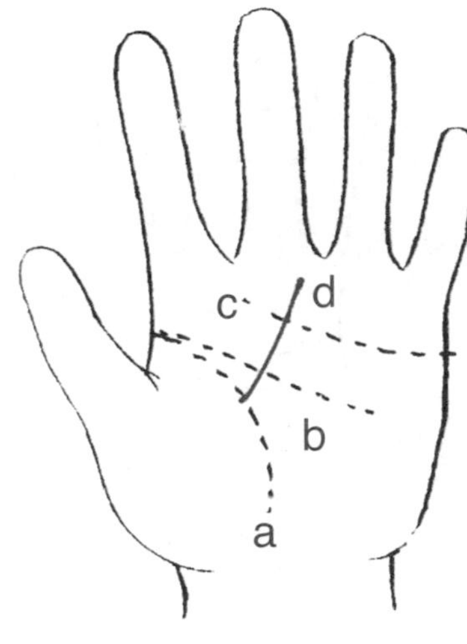

五、生命線的支線朝上

生命線的支線朝上，就是生命線有支線朝上，往中指跟無名指方面延伸，別名叫做努力線，表示為人適應力強，懂得危機應變，在事業方面，能事先規畫妥當，採取必要的措施，業績通常長紅掛帥。

貳拾、愛之船總是觸礁沈沒的手相

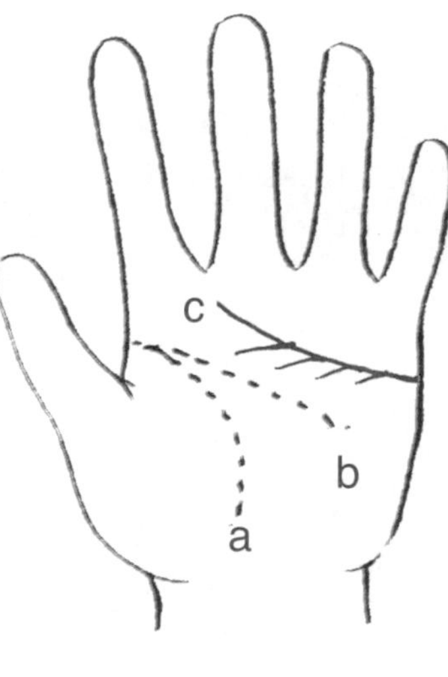

一、感情線的支線朝下

感情線的支線朝下，就是許多延伸支線朝下，表示經歷過許多次的戀愛，是留下紀錄的痕跡，表示感情方面，往往一見鍾情，但來得快去得也快，結果經常是傷心難過，心情不愉快的收場。

二、雜紋劃過的婚姻線

雜紋劃過的婚姻線，就是婚姻線有紋路劃過，顯得雜亂無章，表示感情方面，雖然真心真意的付出，但是中途卻出現阻礙，換得欺騙、背叛的下場，婚姻上，彼此的觀念不合，感情會慢慢變淡，會有離異的可能。

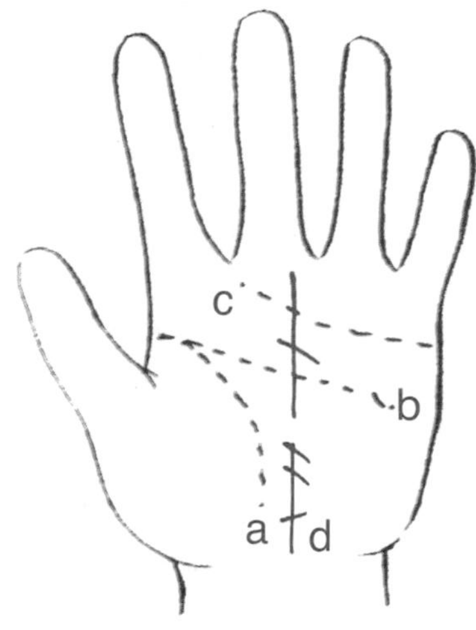

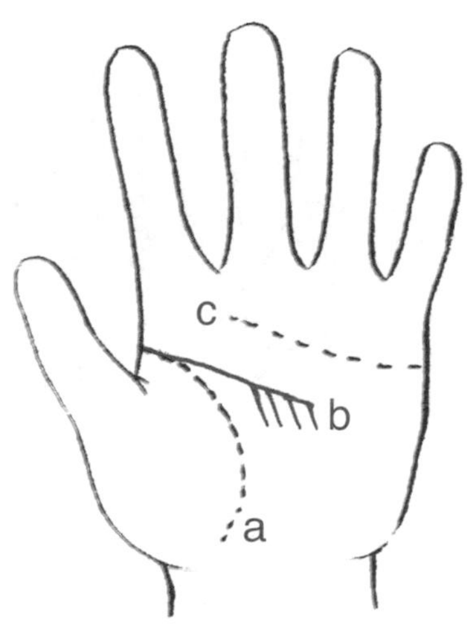

三、事業線有雜紋劃過

事業線有雜紋劃過，表示運勢遭受阻礙，沒辦法順心如意，在感情跟事業方面難以兼顧，必須忍痛做出抉擇，而造成許多遺憾，最好是能夠先專心事業，等待時機條件成熟，再談感情婚姻的話，就會比較順利的進行。

四、理智線的支線朝下

理智線的支線朝下，就是理智線有許多支線向下，表示談戀愛剛開始很順利，不過卻中途卻發生變故，整個人變得悲觀消極，承受不住失戀的打擊，往往而影響到事業的發展，人生運勢從此走下坡。

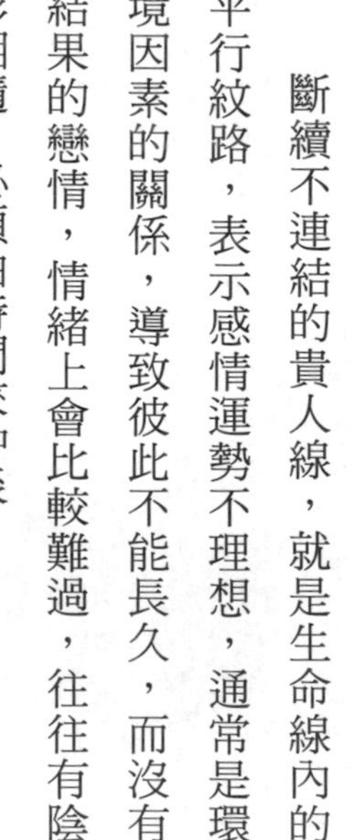

五、斷續不連結的貴人線

斷續不連結的貴人線，就是生命線內的平行紋路，表示感情運勢不理想，通常是環境因素的關係，導致彼此不能長久，而沒有結果的戀情，情緒上會比較難過，往往有陰影相隨，必須由時間來沖淡。

國家圖書館出版品預行編目資料

學會手相學的第一本書／陳哲毅著.
－－初版－－ 台北市：知青頻道出版；
紅螞蟻圖書發行，2005〔民94〕
面　　公分，－－(Easy Quick : 50)
ISBN 957-0491-42-6 (平裝)

1.手相
293.23　　94006338

Easy Quick 50
學會手相學的第一本書
作　　者／陳哲毅
發 行 人／賴秀珍
榮譽總監／張錦基
總 編 輯／何南輝
文字編輯／林芊玲
美術編輯／林佑峻
出　　版／知青頻道出版有限公司
發　　行／紅螞蟻圖書有限公司
地　　址／台北市內湖區舊宗路二段121巷28號4F
網　　話／www.e-redant.com
郵撥帳號／1604621-1　紅螞蟻圖書有限公司
電　　話／(02)2795-3656（代表號）
傳　　眞／(02)2795-4100
登 記 證／局版北市業字第1446號
法律顧問／通律法律事務所　楊永成律師
印 刷 廠／鴻運彩色印刷有限公司
電　　話／(02)2985-8985・2989-5345
出版日期／2005年5月　第一版第一刷
　　　　　2005年11月　第一版第二刷
定價 250 元
敬請尊重智慧財產權，未經本社同意，請勿翻印，轉載或部分節錄。
如有破損或裝訂錯誤，請寄回本社更換。
ISBN 957-0491-42-6　　Printed in Taiwan